장사도 인문학이다

장사도 인문학이다

정진우 지음

무한

CONTENTS

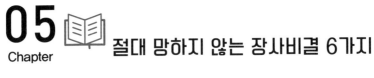

프롤로그

시장에서 내가 배운 인문학

장사란 손님을 기쁘게 해드리는 것이다. 이를 게을리해서는 안 된다.

– 다이찌 케이쇼

"야! 닭꼬치 하나 줘봐!"

2007년 가을, 호기롭게 시작한 첫 장사의 안 좋은 기억이다. 동네 건달처럼 보이는 사람이 돈을 집어 던지며 말했다(돈 주고 드셔 주는 게 고맙긴 했다).

난 노점 닭꼬치 아저씨였다. 이후로 배스킨라빈스 아저씨였고, 지금은 동네 카페 아저씨가 됐다. 짧다면 짧고, 길다면 긴 10년간의 장사를 통해 깨달은 바가 있다.

> 번지가 인(仁)에 대해 묻자 공자께서 말씀하시기를,
> "사람을 사랑하는 것이다"라고 하셨다. 다시 지(智)에 대해 묻자
> 공자께서 말씀하시기를, "사람을 아는 것이다"라고 하셨다. 번지
> 가 뜻을 깨닫지 못하자 공자께서 말씀하시기를, "강직한 사람을

7

등용하여 사악한 사람 위에 쓰면 사악한 사람도 강직한 사람으로

변할 수 있다"라고 하셨다.

– 《논어》 중에서

'인'은 사람을 사랑하는 것이다. 공자의 뜻을 우리 인생에 대입해도 충분히 공감 가는 부분이 있다. 사람을 향한 진정한 사랑은 제대로 된 세상을 만든다. 사람이 하는 장사에, 사람을 위한 장사가 우선시돼야 한다. 사람에 대한 인문학적인 이해 없이 장사하는 사람들을 보면서 놀란 적이 많다. 그들의 목적은 오로지 '돈'이다. 매장에 오는 모든 사람이 다 돈으로 보인다. 그런 생각을 접할 때마다 안타까움에 마음이 불편했다.

처음엔 승승장구하는 것 같다. 나중엔 밑천이 드러나 자리를 뜨는 노름꾼 신세가 된다. 어느 순간 조용히 그 동네에서 사라진다. 내가 본 그들의 실패 이유는 이렇다. 고객에 대한 기본적인 이해가 없다.

노점을 하기 전엔 인터넷 쇼핑몰을 운영했다. 그 시간까지 포함하면 15년 동안 장사를 했다. 사람을 어떻게 상대하고, 어떤 만족을 주어야

하는지 배우는 시간이었다. 사람에게 좋은 제품을 판매하는 직업이 장사다. 난 그들이 좋아하는 것을 판매하고 돈까지 벌 수 있는 장사의 매력에 빠져 있다.

"당신은 성공했는가?" 궁금할 수 있겠다. 미안하다. 나는 그 질문에 당당히 말할 만한 성공은 맛보지 못했다. 물질 만능 시대에 성공의 척도는 역시나 돈이라고? 그렇다면 이 책보다는 돈 버는 방법을 직접적으로 알려주는 실용서가 더 구미에 맞을 거 같다. 여기에서는 돈을 많이, 빨리 버는 방법이 아닌 사람을 얻는 방법에 대해 말하고 있으니까. 직원, 고객, 거래처 관리는 모두 사람과의 만남이다. 장사도 서로 관계를 유지하고 발전시켜 나가야 하는 삶의 과정이 아닐까?

> 장사란 이익을 남기기보다 사람을 남기기 위한 것이다. 사람이야말로 장사로 얻을 수 있는 최고의 이윤이며, 따라서 신용이야말로 장사로 얻을 수 있는 최대의 자산이다. 작은 장사는 이문을 남기기 위해서 하지만 큰 장사는 결국 사람을 남기기 위해서 한다.
>
> ─최인호, 《상도》 중에서

·····

사람을 남기는 것이 진정한 장사의 목표가 되어야 한다. 사람이 남는 장사야말로 우리가 가야 할 목표와 지향점이 되어야 한다. 오로지 돈을 많이 벌기 위해, 다른 사람 등쳐서 짧고 굵게 돈 벌겠다는 목적을 가지고 있는 사람에게 고객들은 다가가지 않는다. 그런 마음이 고객들에게 다 읽히는 것이다. 이제까지 이해하고 있던 장사를 다른 생각으로 접근해야 한다.

인문학의 정의는 참 폭넓다. 문학, 법률, 고고학, 철학, 역사, 문화, 예술, 심리, 종교, 비평 등을 총망라한 인문학을 한 가지로 정의를 내리기는 어렵지만, 그 세계에서 말하는 근본을 파고들어가 보면 사람을 이해하기 위한 학문임을 알 수 있다.

앞서 《논어》에서 봤듯이, '인'의 뜻은 '사랑'이다. 어떤 자세와 마음가짐으로 사람을 대해야 하는지를 배워야 한다. 이것이 공자가 시대를 뛰어넘어 우리에게 전하는 바다. 사랑의 마음을 가지고 장사를 하는 분들이 늘어나길 바란다. 사람을 향한 섬김과 배려가 있는 장사, 사랑이 전달되는 장사에 사람들이 모이고 열렬한 팬들이 생긴다. 사람

．．．．．

을 좋아하는 이들이 이 책을 통해 장사의 기본인 '인문학적인 이해를

갖고, 사람 남기는 장사를 할 수 있는 길'을 찾는데 조금이나마 도움이

되길 기도한다.

장사는 이문을 남기는 것이 아니라, 사람을 남기는 것이다.

－ 조선시대 거상 임상옥

Chapter

01

왜 장사를 하는가?

직업이 불안한 시대

추구하는 도가 다르면 일을 함께하지 않는다.

– 공자 –

신용불량자인 상태로 직장을 구하고 있을 때의 일이다.

"진우 씨, 내일 시간 있어요? 사람 구하는 데가 있다고 하는데 면접 볼 수 있어요?"

"네, 시간 괜찮습니다."

"그러면 오후 3시까지 일산에 있는 사무실로 오세요. 주소는 문자로 찍어 드릴게요."

"네, 감사합니다."

기가 막힌 타이밍에 온 지인의 전화였다. 정말 간절하게 취업을 원했다. 50곳도 넘게 이력서를 제출하고 연락을 기다리던 중 한줄기 빛 같은 희망에 내 마음이 뛰었다. 스펙이 절대적으로 떨어지는 내가 '과연 취업을 할 수 있을까?'라는 생각에 포기하려는 찰나, 아직까지 내가 쓰임 받을 수 있다는 것이 신기했다.

다음 날 오전부터 부산을 떨었다. 정장을 말쑥하게 차려입고 약속 장소에 갔다.

'회사가 오피스텔로 사용되는 곳인가 보다.'

분위기는 어두웠지만, 나도 이런 곳에서 쇼핑몰을 운영했었기 때문에 별 의심 없이 들어섰다.

'그럼 그렇지. 큰 회사에서 나를 부를 리가 없지. 뭐, 조그만 소호 사무실 정도 되겠네.'

체념하며 사무실 호수를 찾아 벨을 눌렀다.

문이 열리고 들어가려는데 담배 냄새가 코를 찌른다. 두 명의 남자가 모니터를 응시하고 한 명이 나를 면접하겠다고 응접 테이블에 앉았다. 간단한 인사가 끝나고 본론으로 들어갔다.

"컴퓨터 잘해요?"

"네, 관련 자격증 두 개 있습니다. 인터넷 쇼핑몰도 운영했습니다."

아무리 생각해도 찜찜했다. 별다른 설명 없이 다음 말을 잇는다.

"급여는 첫 달부터 3개월까지는 250만 원입니다. 그 다음부터는 수당으로 조금씩 올라갈 거예요."

"네, 무슨 일을 하는 겁니까?"

궁금한 차에 직설적으로 물어봤다.

"우리는 온라인 게임을 중계하는 업체에요. 컴퓨터로 배팅하면 우리가 정리해서 관리하고 입금해주는 일을 합니다."

실망이 컸다. 당황한 표정을 겨우 숨기고 인사하고 나왔다.

'아! 잘못 왔다. 내가 취업하고 싶다고 했더니 이런 곳을 소개해주네.'

그곳은 사설 토토 게임장이었다. 불법이라는 것을 아는데 도저히 할 수가 없었다. 그런 일을 하면서 돈을 벌고 싶지 않았다.

나이가 있고, 경험이 많지 않은 사람들이 갈 곳이 이렇게 없구나를 깨닫는 순간이었다. 또 한 번은 전화가 와서 면접을 갔더니, 캠핑카 판매영업을 하란다. 수당은 꽤나 두둑하다며 나를 유혹했지만, 거절했다.

매번 오는 전화는 이런 식이었다. 괜찮은 직업을 구하기가 하늘의 별따기라는 이야기는 수없이 들어왔다. 하지만 그게 나의 일이 될 줄은 몰랐다. 이게 요즘 현실이라 생각하니 더 씁쓸했다.

직업이 귀하다. 아니 귀해지고 있다. 정확하게 말하면 자신들이 원하는 직업이 희귀해지고 있다. 청년들의 1순위 직업인, 공무원 시험의 경쟁률이 몇 백 대 일이라는 사실은 그리 낯설지 않다. 높은 경쟁률에 우리는 무뎌졌다. 뉴스에서는 대기업 입사 경쟁률이 몇 천 대 일이라고 연일 떠들어대지만, 정작 중소기업에서는 인력난으로 사업 유지 자체를 고민해야 하는 경우가 심심치 않게 소개된다.

요즘 취업을 하려면 필요한 9종 세트가 있다고 한다. 학벌, 학점, 토익점수, 자격증, 어학연수, 공모전 입상, 인턴경험, 봉사활동, 성형수술. 앞으로 더 늘어날 것이다. 하지만 화려하고 좋은 스펙도 취업을 장담하지 못한다.

어렵사리 통과한 직장에서도 퇴출을 걱정하는 것은 다르지 않다. 몸을 사리고 자리를 지키는 일에 최선을 다할 뿐이다. 경쟁은 점점 치열해지고 행복지수가 바닥이어도 당연한 듯 받아들인다. 도전을 통해 세상을 바꾸겠다는 젊은이들보다 안전하게 오래 가겠다고 생각하는 이들이 더 많다. 현실에 안주하는 것이 일 순위 선택이 되었다.

정년의 개념도 사라졌다. 이태백, 삼팔선, 사오정, 오륙도. 이런 단어가 우리를 옭아맨다. 정년퇴임한다는 소식은 오히려 희망의 뉴스가 되었다. 그때까지 버틴 것을 부러워한다. 주위를 둘러보면 정년 후에도 일자리를 찾는 사람들을 많이 본다. 폐지 줍는 노인들이 남의 일같이 느껴지지가 않다. 죽는 날까지 노동의 은퇴는 그림의 떡이다. 노후준비는 되지도 않은 상태에서 덜컥 맞이한 퇴직으로 정신적 공황이 찾아온다. 베이비붐 세대들의 고민이다.

남의 이야기로만 치부했다. 내 인생에는 찾아오지 않을 일들이라 생각했다. 조금씩 저축하며 열심히만 살면 될 줄 알았던 세계가 무너졌다. 기존에 배웠던 대로 시스템이 작동되지 않는다. IMF를 겪으면서 경제는 기존의 틀에서 완전히 변화했다.

직업이 사라지고 있다. 남아있는 직업도 앞으로는 로봇이 대체한다. 세상은 내가 준비하는 속도보다 빨리 변해가고 있다. 생소한 직업들이 각광받는 지금의 세상, 이전과는 다른 신세계에 진입했다. 발등에 불이 떨어졌다.

중심을 잡고 미래를 준비한다는 것이 쉽지 않다. 답을 찾았다 싶으면 다음 버전이 나오고 세상에서는 언제 그랬냐는 듯이 예전 버전은 잊혀진다. 내 생각의 범위에서 벗어나 한참이나 앞으로 달려가고 있는 현실을 부정하고 싶다. 노력만큼 결과가 있어야 함에도 격차는 점점 벌어진다. 세상의 속도를 멈출 수도 없고 따라갈 수도 없다. 그럼에도 불구하고 새 시대를 준비하고 읽어야 한다. '어떠한 준비를 하고 어떻게 살아가야 하는가? 어떤 배움을 통해 반전을 꾀할 수 있을까?'를 늘 생각하며 살아야 한다.

하루하루 과중되는 무게에 못 이겨 자살을 선택하는 이들이 점점 늘고 있는 시대에 버티고 있는 게 다행이다. 자살률이 늘어가는 현실이 말해준다. 성공했다 인정받은 사람들도 자의적으로 인생을 마무리한다.

'어떻게 하면 위기를 기회로 바꿀 수 있을까?'

'이 세상에 내가 설 자리를 만들 수 있을까?'

더 이상 망설이지 말고, 해결의 길을 찾아야 한다. 우리나라 이야기만이 아니다. 세계 명문 대학을 졸업한 청년들도 우리와 같은 고민으로 하루하루를 연명하고 있다. 전 세계를 뒤덮고 있는 불황의 그늘은 어느 곳을 비껴가지 않는다. 모두에게 해당되는 이 현실이 우리를 더 암담하게 한다.

"해고가 뭔지 아냐고? 그거 우리 같은 놈들 소원이야. 한번이라도 좋으니 빌어먹을 해고 당해보는 게 소원이라고!"

드라마 〈어셈블리〉에서 옥택연이 포장마차에서 해고 노동자 역을 맡은 정재영에게 울분을 토하며 내뱉은 말이다. 해고를 당한다는 것은 취업을 해본 사람의 이야기다. 그래도 좋으니 취업한 번 해보는 게 우리의 소원이라고 말하는 그들의 외침이 참으로 눈물겹다.

하늘과 땅이 영원한 까닭은
자기 스스로를 위해 살지 않기 때문입니다.
그러기에 참삶을 사는 것입니다.

성인도 마찬가지.
자기를 앞세우지 않기에 앞서게 되고,
자기를 버리기에 자기를 보존합니다.

나를 비우는 것이
진정으로 나를 완성하는 것 아니겠습니까?

* 《도덕경》 중에서

02
평생
직장은 없다

성실함은 만물의 처음이요, 끝이다. 성실은 만물의 근원
이 되고 성실함이 없으면 만물은 존재하지 않는다.

– 공자 –

인터넷 쇼핑몰을 운영할 때의 일이다. 나의 하루 업무는 매일매일 동대문 시장에 가서 물건을 떼 오는 것을 시작으로, 사진을 찍어 포토샵으로 제품을 편집해 쇼핑몰에 등록하고 주문을 확인하고 배송을 준비하는 것이었다. 그 외에 틈틈이 고객 응대와 게시판 관리도 해야 했다.

당시 선배의 소개로 쇼핑몰 대리판매업체를 알게 되었는데, 내가 쇼핑몰로 판매하는 양의 10배까지도 판매를 한다는 말에 의심 없이 계약을 했다. 조건은 45일 결재였다. 한 달 판매 대금을 다음 달 15일에 정산하는 방법이었다. 정말 많이 팔아주는 업체였다. 감사했다. 덕분에 매출이 상승하고 판매량이 뛰면서 자리를 빠르게 잡아갔다. 더 성실하게 매일 시장에 나가 물건을 구입하고 판매하고 포장했다. 6개월까지 잘됐다. 돈도 버는 것 같았다.

그런데 한 번, 두 번 대금 정산이 밀리기 시작했다. 나도 시장에 외상이 깔리기 시작했다. 물건을 받는 곳에서는 대금 정산을 안 하면 물품을 줄 수 없다고 해서 대출을 받아서 일을 진행했다. 결제가 밀린 채로 3개월이 지나고 나니 대금이 꽤 쌓였다. 나도 자꾸 요청을 했지만, 기다리라고만 하는 업체에 물건을 그만 납품하기로 하고 대금을 받기 위해 찾아갔다. 올 것이 왔다. 순진하게 사람을 잘 믿는 것은 이런 식으로 되돌아온다는 것을 배웠다. 그 업체 직원들을 만났더니 대표가 잠적했다고 한다. 자신들도 몇 개월 임금이 밀려 있어 받아야 하는데, 어떻게 찾아야 하는지 막막하다고 말한다. 오히려 내가 그들을 위로해주고 왔다. 암담했다.

그동안 외상을 갚기 위해 빌린 돈과 사무실 운영비, 직원 인건비 그리고 받지 못한 비용이 3배 이상의 충격으로 왔다. 어떻게 이런 일이! TV에서만 보던 일이 내 일이 될 줄 몰랐다. 절망했고, 좌절했다. 억 단위의 금액이 아닌 것에 감사해야 할까? 천만 원 단위로 마무리된 것을 감사해야 하는데 그렇게 쉽게 정리가 되진 않았다. 마음을 추스르는데 꽤 많은 시간이 걸렸다.

예전엔 성실하기만 하면 먹고 사는 데는 지장 없었다. 당연한 도리며 가져야 할 자세였다. 성실하고 신의만 제대로 지킬 줄 알면 누가라도 와서 도와주었다. 뒤통수 칠 사람만 아니고 성실을 무장하면 어디서든 인정받을 수 있었다.

우리나라가 짧은 기간에 폭발적으로 성장할 수 있었던 요인도 여기에 있다. 그 위에 나라가 발전했고, 경제가 성장할 수 있었다. 1970년대 초반, 국제 오일쇼크로 석유값이 갑자기 4배로 뛰면서 한국경제에 위기가 닥쳤다. 한국은 가난한 나라였다. 석유 한 방울 안 나는 나라인데 석유값이 갑자기 뛰자, 전 산업에 비상이 걸렸다.

돌파구를 찾아야만 했다. 그 돌파구는 중동의 건설사업에 참여하는 것이었다. 당시 청와대에 간 기업인들은 이구동성으로 중동 건설사업은 불가능하다고 했다.

"평균 기온이 40도가 넘고, 비 한 방울 내리지 않는 사막에서 건설을 하는 것은 무리입니다. 그래서 외국의 어느 기업도 중동 건설에는 참여하지 않는 것이고요."

막막한 상황에 청와대의 특별 지시로 중동에 가서 시장조사를 하고 온 정주영 회장은 다른 대답을 한다.

"낮에 더우니, 낮에 자고 밤에 일하면 됩니다. 비가 잘 내리지 않으니, 비 때문에 공사 중단되는 날이 적어 공사기간을 단축할 수 있습니다. 사막이라 건설에 필요한 모래 공급이 주변에서 이뤄지니 운반비를 절약할 수 있고, 물은 이웃 나라에서 조달하면 가능할 것 같습니다."

중동건설 사업에 진출한 정주영 회장은 엄청난 성공을 이루었다. 한국 경제도 중동에서 벌어들이는 달러로, 경제 도약의 기회를 만들어낼 수 있었다.

이 예화를 정주영 회장의 '해봤어?' 정신으로 이야기하는 책이 많다. 나는 다른 시각으로 해석하고 싶다. 아무리 정주영 회장이 뛰어난 리더십을 가지고 일을 추진했다고 하더라도 그 일을 현장에서 이뤄내야 하는 것은 직원들이다. 그 현장을 책임지고 일을 해야 하는 사람들이 반기를 들었다면 가능했을까? 이 유명한 일화는 만들어지지도 않았을 것이다.

그 일을 해내야만 한다는 우리 민족의 성실성이 없으면 가능했을까? 나는 그 일을 이뤄낸 것이 우리나라 민족성이라고 말하고 싶다. 나의 아버지도 사우디 근무를 위해 중동에 다녀오셨다. 그 성실성이 있었기에 오늘날의 중동이 있다고 해도 과언은 아닐 것이다.

우리 아버지 세대가 그랬다. 성실하게 근무하면 자리를 보장받을 수 있었다. 정년퇴직 후 그동안 소홀했던 아내, 아이들과 함께 시간을 보내며 주어진 인생을 마무리할 수 있었다. 첫 직장이 평생직장이 되는 경우가 대다수였다. 첫 직장이 자기의 일자리였고 가정을 지켜 주는 귀한 울타리였다. 직장에서 받는 월급은 가정의 샘물과 같은 역할을 했다. 성실한 만큼 더 좋은 보수를 받으며 출세했고 진급했다. 정년을 맞이하고, 퇴직 후 5~10년 정도 주어진 시간을 잘 보내면 장수까지 했다며 축하받고 삶의 은퇴를 기다리면 됐다. 자녀들의 섬김을 받으면서 말이다. 그런 아름다운 시절이 있었다.

우리가 그리워하지만 다시 돌아갈 수 없는 시대다. 지금은 그때와 다르다. 현재 다니고 있는 직장이나 직업을 끝까지 지키는 사람은 드물다. 사회는 불안하고 경제는 언제 무너질지 모르는 모래성이 되었다. 다른 나라의 비관적인 뉴스가 우리나라의 경제를 침체로 빠뜨린다. 나만 잘해서 될 일이 아니다. 다른 지역의 전쟁과 자연재해는 우리나라에 직접적인 타격을 가한다. 수출이 줄어들고 수입가격이 올라간다. 내가 사는 곳과 먹는 것에 영향을 받는다. 온 세계의 뉴스에 눈과 귀를 세우고 있어야 한다. 언제 어떤 방식으로 우리 경제에 영향을 미칠지 모를 일이다. 다른 나라의 뉴스가 내 삶에 영향을 미치는 시대가 되었다.

그렇다면 시대를 한탄하며 끝낼 것이 아니라 새로운 길을 개척하는 또 하나의 프론티어가 되어야 한다. 이전과는 다른 대안을 찾는 노력이 필요하다. 세상을 바라보는 눈이 달라져야 한다. 바뀐 시대를 꿰뚫어볼 수 있는 시야를 가져야 한다. 그래서 많은 공부와 경험이 필요하다. 평생직장이 사라진 지금 시대를 제대로 이해해야 한다. 성실 하나로 모든 것을 커버할 수 없다. 성실을 바탕으로 다른 것을 첨가해야 한다.

인정과 세태는 갑자기 변하는 것이니 지나치게 진실이라 생각하지 말라. 요부가 "옛날에 나의 것이라고 이르던 바가 이제는 도리어 저의 것이 되었으니, 알지 못하겠구나. 오늘 나의 것이 또 내일 누구의 것이 될지!" 하였으니, 사람이 항상 이렇게 본다면 문득 가슴 속의 얽매임을 풀 수 있으리라.

* 《채근담》 중에서

03
통닭이라도 튀길까?
아니면 카페라도?

　카페를 준비 중이었다. 새로 오픈해야 할지, 기존 매장을 인수해야 할지 결정을 내리지 못하고 있었다. 자리 알아보는 것이 이렇게 힘든 일인지 몰랐다. 전문가들이 왜 입을 모아 창업할 때 첫째도 입지, 둘째도 입지, 셋째도 입지가 중요하다고 이야기하는지 절실하게 깨닫는 시간이었다. 남들은 볼 수 없는 자리를 볼 수 있는 눈을 키운다는 것은 그만큼 관심을 가지고 발품을 팔아야만 하는 일이다. 내가 하지 않고 다른 이들에게 맡기는 것만큼 무지한 일은 없다. 내가 알아봐야 한다. 내 돈이 투자되는 것이다.

　기존에 운영하고 있던 카페를 권리금 주고 인수해볼 생각에 인터넷에 매물로 나온 한 카페를 방문했다.

"왜 가게를 넘기려고 하세요?"

"몸이 아파서 그래요. 장사는 잘되는데 건강 문제로 넘길 수밖에 없어 아쉬워요. 잘 운영해 주면 좋겠네요."

안주인 되시는 분이 정말 아파 보이기도 했다. 처음 장사를 하는 거였다면 그 말을 곧이곧대로 믿었을 것이다. 순수한 표정과 말투에 바로 도장을 찍었을 수도 있다. 하지만 이젠 나도 경험이 있는 사람인데, 쉽게 넘어갈 리가 없다.

그분들과 미팅을 하고 주변 부동산에 찾아갔다. 다행히 부동산 사장님이 내가 운영하는 매장 배스킨라빈스 고객이다. 한껏 아는 체를 하고 매물로 나온 매장의 히스토리를 물었다. 아니나 다를까 매장을 지키고 있는 분들의 말씀과 너무나도 달랐다.

"두 달 전에 인수하셨는데, 권리금 높여 팔려는 분들이에요."

그 말에 과감히 계약을 포기했다. 차근차근 알아보면 실수를 줄일 수 있다. 급하면 내가 당하게 된다. 돈을 지불하기 전까지는 내가 '갑'이다. 돈을 지불하고 나서는 나는 '을'이 된다. 이것을 명심해야 한다.

국세청의 자료에 따르면 2005~2014년까지 개인사업자 '창업 967만 5760개, 폐업 799만 309개'이다. 10명 중 1.7명만 창업에 성공한다는 국세청의 자료 발표로 예비 창업자들은 불안하다. 타의에

의한 퇴직과 갈수록 어려워지는 취업난으로 급하게 시작한 창업이 얼마나 위험한 것인지 알 수 있다.

최근 몇 년간 창업 1순위였던 카페는 창업보다 폐업이 더 많다. 준비되지 않은 섣부른 투자와 창업은 실패의 지름길이다. 적지 않은 투자금을 회수하기 위한 평균 운영 기간은 4.7년이다. 대다수의 창업자들이 그 기간을 채우지 못하고 폐업한다. 소위 투자한 돈의 본전 찾기는 하늘의 별따기다. 카페와 치킨은 우리나라 유망 창업 시장의 1, 2위다. 지금은 그 화려했던 인기는 사라졌다. 이전만 못한 매출과 순익 앞에 많은 사람들이 고민하고 창업하기를 꺼려 한다. 프랜차이즈 업체의 횡포도 한몫했다.

퇴직 후에 한번쯤은 고민하는 업종이 '카페와 치킨집'이다. 특별한 기술을 요하는 것이 아니기 때문에 그만큼 시작이 쉽다고 생각한다. 많은 퇴직자들이 비용의 문제만 고민했지 창업 아이템 자체를 고민하지 않는다. 고민하지 않은 만큼 실패 확률은 높다.

창업시장은 전쟁터다. 예전부터 피 터지는 전쟁터였다. 이젠 그 전쟁에서 털끝 하나 다치지 않고 살아남기는 힘들어졌다. 어떤 상처인지는 몰라도 목숨이 위태할 정도만 아니면 계속 나아가야 한다. 아니, 죽기 직전이더라도 남을 죽이기 위해 전쟁에 나가야 하는 현실이다.

어떤 업종이든 마찬가지다. 이제는 블루오션이라는 것을 찾기가 어려워졌다. 설령 블루오션이 있다 한들 6개월도 넘기가 힘들다. 잘된다는 소문이 나기 시작하면 모두가 득달같이 달려든다. 바로 옆 점포에 똑같은 컨셉으로 당당하게 입점한다. 상도라는 것은 사라진 지 오래다. 같이 망하는 길로 달려간다. 창업 현실에서는 나 외에는 다 적이다. 내가 먹지 않으면 먹히는 정글과 다를 바 없다.

동일 업종으로 10년을 버틴 업종이 있다는 것 차제가 귀하다. 10년 동안 버틴 집은 10곳 중 2곳 정도라고 하지만, 이것은 전체 평균이다. 평균의 함정에 빠지면 곤란하다. 내 주변에 얼마나 많은 가게가 10년간 안 바뀌고 유지했는지 보면 안다. 20% 가까운 업종이 살아남을 수 있으니 '나는 할 수 있다' 이런 긍정 마인드만으로는 안 된다.

퇴직해서 장사로 성공하는 사람은 극히 소수다. 그들은 꼼꼼한 준비와 노력을 통해서 이전과는 다른 방식으로 성공일기를 쓰고 있는 사람들이다. 쉬워 보일지 몰라도 피나는 노력이 숨겨져 있다는 것을 기억해야 한다. 당장의 결과만 보고 달려드는 우를 범하면 안 된다.

누구나 쉽게 시작할 수 있는 장사라는 오해를 버리면 좋겠다. 창업은 마라톤이다. 긴 호흡을 가지고 인내하고 참아야 한다. 직장 다니다가 안 되면 통닭이라도 튀기겠다는 생각을 쉽게 하는 만큼 쉽게 망한다. 토끼가 거북이를 얕잡아 보고 자신의 능력을 과신하다가 결국 경주에서 졌던 것처럼 묵묵히 자기 갈 길 가는 거북이가 끝내 승리하는 것은 창업에서도 통한다.

"손이 덜 가는 카페를 하고 싶어요."

말은 쉽다. 주변에 카페를 해본 사람 100명에게 물어봐라. 쉽다고 대답하는 사람 아무도 없을 것이다. 물론 그들 중에는 쉽게 보고 시작한 사람도 있을 것이다.

무슨 장사든 기본적으로 손이 많이 간다. 내가 노력한 만큼 열매가 맺어지는 것도 아니다. 내 노력의 반만큼 열매가 맺힌다고 생각해야 마음의 상처가 덜하다. 심은 만큼의 반만 열매가 보장된다. 그것도 긍정적으로 잡은 수치다. 안심하면 안 된다. 농사든 기업이든 작은 실수로 인해 전체가 망가질 수 있다는 것을 명심해야 한다.

나는 돈이 조금 있으니 사람을 사서 시키면 된다는 안일한 자세로 시작하는 사람들은 특히나 말리고 싶다. 프랜차이즈에서 말하는 수익률 50%가 진짜로 가능하다고 생각하는가? 번지르르한 말에 속는 사람은 하수다.

그런 수익을 올리기 위해 사람들이 얼마나 허리띠를 졸라 매야 하는지 생각해봐야 한다. '1,000만 원 투자로 매달 500만 원 번다'는 말을 덮어 놓고 믿는 것은 '빨리 망하고 싶다'는 것과 똑같은 것이다. 내가 알아본 만큼만 보인다. 이러한 수익률은 정상적으로 장사하는 사람이 가져갈 수 있는 수익구조가 아니다. 그 말을 믿고 투자하는 사람들이 있다는 사실이 마음 아프다. 그건 사기고 속임수다.

정당하게 장사해서 돈을 벌어야 한다. 그들은 눈앞의 수익을 미끼로 유혹한다. 정교하게 그럴듯하게 만든 덫에 걸리지 않기 위해 발품을 팔고 많은 교육을 받으면서 알아봐야 한다. 그래서 맹점을 볼 수 있는 눈을 길러야 한다.

질소포장 과자에 대해 한동안 말이 많았다. 과자 봉지 안에는 질소가 2/3, 과자가 1/3 들어 있다. 속칭 바람 넣은 과자 봉지에 속아 구매하지 않은 사람 없을 것이다. 이처럼 꾼들이 모여 정교하게 짠 사업 설명회에 속지 않을 사람 찾기는 더욱 어렵다.

평생 어렵게 모은 돈이 투자되는 것인데 나는 잘 모르고 남의 이야기만 믿고 쉽게 결정하는 것은 안 된다. 사업으로 성공하고 싶다면 하나하나 꼼꼼히 알아보고 결정해야 한다. 도움이 되는 수많은 책들이 있고, 창업 관련 교육이 도처에 널려 있다.

> 사람들은 해보지 않고 조언하기를 즐거워한다. 어느 대박집에 가 보고 배우라고 말이다. 그 창업자들이 이제껏 해온 피나는 고생과 수고는 제쳐 두고 현재의 모습만 주목한다. 배우려 하지 않고 결과만 얻으려 한다. 세상에 공짜는 없고, 과정 없는 결과도 없다. 이게 우리네 세상이다.
>
> – 이기훈, 《장사는 과학이다》 중에서

지금 이 글을 보고 있는 분들 가운데 이런 마음가짐을 가지고 있다면 접어야 한다. 장사는 노력만큼 자신 있는 만큼 성장할 수 있다. 백년식당을 유지하는 비결은 작은 것에 요령을 부리지 않고 매일 정성을 다하는 것이다.

> 오랜 시간 동안 자리를 지키는 식당의 비밀은 기본을 지키는 것이다. 소뼈를 씻고 피를 빼는 일도 항상 똑같이 하는 그들의 정성은 뒤로 하고 돈 버는 그들을 부러워한다. 선대 창업자 아버지 말씀에 얕은 수를 쓰는 것은 손님이 다 알고 있다는 말을 기억하고 스스로에게도 부끄러워하지 않으려 한다. 그 초심을 지키는 가게가 백년을 넘기는 것이다.
>
> — 박찬일, 《백년식당》 중에서

'통닭이라도 튀기겠다고?'
아직도 이런 생각을 가지고 있다면 절대 창업하지 마라.
'카페에 앉아 고상하게 책 보면서 커피 한잔하겠다고?'
집에 서재 꾸미고 혼자 누려라.
그 이상의 것은 하지 않아야 한다. 큰돈 들여 남 좋은 일만 시키는 것이다. 솔직히 남 좋은 일도 아니다. 주인에게, 다음 타자로 들어오는 창업자에게 피해를 주는 것이다. 이런 창업 전쟁터에 아무나 들어와서 서로 피해를 주면 곤란하다. 제대로 준비하고 마음자세가 된 사람만 시작하길 바란다. 창업 시장이 자영업자들의 무덤이 되어 버린 지금 누구에게나 열려 있는 문이 성공을 보장하는 것이 아니라는 점을 알아야 한다. 어려운 길인만큼 고민하고 심사숙고를 거듭한 후에 결정해야 한다.

어려운 일을 하려면 그것이 쉬울 때 하고,
큰일을 하려면 그것이 작을 때 해야 합니다.
세상에서 제일 어려운 일도 반드시 쉬운 일에서 시작되고,
세상에서 제일 큰일도 반드시 작은 일에서 시작되기 때문입니다.
그러므로 성인은 끝에 가서 큰일을 하지 않습니다.
그래서 큰일을 이루는 것입니다.

무릇 가볍게 수락하는 사람은 믿음성이 없는 법이고,
너무 쉽다고 생각하는 사람은 반드시 어려운 일을 맞이하게 마련입니다.
그러므로 성인이라도 일을 어려운 것으로 여기는 법입니다.
그러기 때문에 끝에 가서 어려운 일이 없게 되는 것입니다.

* 노자, 《도덕경》 중에서

04 신용불량자, 노점을 시작하다

> 무언가를 아는 것보다 무엇에 힘써야 할 것인가를 깨달아야 한다. 사물에는 먼저와 나중, 가벼운 것과 무거운 것의 구별이 있고 아는 것보다는 행하는 것이 먼저다.
>
> — 맹자 —

나는 신용불량자였다. 인터넷 쇼핑몰 운영을 하면서 거래처에서 물품대금을 못 받은 이유도 있고, 세무 처리를 미흡하게 해 부가세를 제때 내지 못한 이유도 있었다. 은행에 통장을 개설하러 갔다. 한참을 조회한 끝에 여직원이 말한다.

"정진우 님, 저희 은행에서는 신용 문제로 통장 개설이 어렵습니다. 죄송합니다."

이유가 뭐냐고 묻지도 못했다. 창피해서 바로 나올 수밖에 없었다. 다른 사람이 들었을까 조마조마한 마음으로 빠르게 도망쳐 나왔다. 왜 그렇게 가슴이 뛰던지 그땐 정말 숨고 싶었다.

우리나라에서 신용불량자가 할 수 있는 일은 많지 않다. 취업이든 창업이든 기회의 문이 넓지 않다는 것을 깨닫는 데는 많은 시간이 걸리지 않았다. 이력서를 여기저기 넣어 봐도 직장을 구할 수 없었다. 그나마 연락이 오는 곳은 보험 영업이나 네트워크 마케팅이었다. 막막한 상태의 연속이다. 하지만 그 시간을 견뎌내는 힘이라도 키워야 했다. 거기서 주저앉으면 끝이였으니까.

역경을 이겨내고 성공스토리 쓴 인물들의 이야기는 언제 들어도 새롭고 감동적이다. 여기 노점상 소년의 인생 역전기를 소개한다. 노점상으로 성공했다는 이야기만 들으면 꼭 돌아보게 된다. 짧은 시간이었지만, 내가 그 일을 해봐서인지 마음이 더 간다. 동병상련을 느끼나 보다.

> 인생이란 과감한 모험이다. 그렇지 않으면 아무것도 아니다.
>
> — 헬렌 켈러 —

노점상 소년에서 미국에서 멕시칸 푸드왕이 된 바하프레쉬의 김욱진 회장의 이야기다. TV프로그램 〈글로벌 성공시대〉에 소개된 내용이다.

외교관의 아들로 태어나 어릴 적부터 전 세계를 누비며 풍요로운 생활을 했던 그였다. 부모님의 은퇴 후 11살 때 가족과 함께 낯선 땅 미국으로 이민을 오게 되었다. 준비되지 않은 결정의 탓인지, 낯선 곳에서의 생활은 바닥에서 시작되었다. 유색인종에 대한 편견이 그 생활의 어려움을 더해줬다.

그는 우연히 삼형제의 뒷바라지를 위해 벼룩시장에서 물건을 내다 파는 부모님을 보고 충격을 받는다. 할 일을 찾던 그에게 선택의 여지는 없었다. 자신도 노점 장사를 시작하게 된다.

한 개에 2달러 50센트짜리 팽이를 팔아, 장사 첫날 132달러라는 놀라운 매출을 올렸다. 그 성공 이후 30여 가지 장사를 통해 실전경험을 쌓고 사업 노하우를 터득했다. 그는 겨우 고등학교 3학년 때인 19세의 나이에 백만장자가 된다.

대학 입학 후 교육 커리큘럼에 회의를 느낀 그는 학업을 포기하고 사업에 매진한다. 몇몇 사업의 성공을 발판으로 또 다른 사업을 확장시킨다. 김욱진은 25세의 젊은 나이에 매장이 2,000여개나 되는 미국 유명 레스토랑 '데니스'를 동양인 최초이자 최연소로 오픈하며 외식업계에 화려하게 등장한다. 하지만 승승장구해오던 삶에 뜻하지 않는 고난이 찾아온다. 오픈만 하면 잘될 거란 기대로 시작했지만 현실은 만만치 않았다. 그동안 모은 돈을 모조리 쏟아부은 사업이 휘청거렸다. 결국 빚더미에 앉자 그는 죽을 생각까지 했다.

이론과 현실은 거리가 분명하게 존재한다. 한껏 부풀은 마음으로 장사를 시작하지만, 정작 결과가 나올 때는 실망하기 일쑤다. 김욱진 회장이 느꼈을 실망감을 나도 조금은 이해가 된다. 다시 이야기로 돌아가 보자.

자신을 믿고 지지해준 부모님의 도움으로 죽을 생각을 접고 다시 마음을 다 잡았다. 김욱진 회장은 포기하지 않고, 처음부터 다시 시작하기로 마음먹었다. 그 뒤, 화장실 청소부터 설거지까지 하루에 18시간 이상을 매장을 되살리기 위해 온힘을 쏟았다. 하늘은 그의 간절함을 외면하지 않았다. 결국 레스토랑은 안정세를 찾았고, 승승장구하기 시작한다.

2006년 적자에 허덕이던 멕시칸 프랜차이즈 '바하프레쉬'를 인수했다. 잘못된 경영체계를 바로 잡는 노력 끝에 바하프레쉬를 한 달 만에 흑자로 만들어 큰 이슈가 되었다. 성공적인 인수와 성공적인 흑자 체계로의 전환이었다. 그 사업을 매해 확장시켜 나가 전미 29개 주 400여 개의 매장을 거느린 미국 최고의 멕시칸 푸드 프랜차이즈로 키워냈고, 지금은 사업 컨설팅과 자선 강연 등을 통해 자신이 쌓아온 성공의 경험을 나누고 있다.

그는 자신의 인생철학이자 성공요인을 이렇게 말한다.

1. '내일'이 있는 한 결코 포기하지 않는다.

2. 극복하지 못할 실패는 없다.

3. 망하지 않으려면 무조건 허리띠를 졸라 매라.

4. 똑똑한 사람보다 신의 있는 사람을 가까이 하라.

마음속 깊이 있는 열정을 꺼내고 그것을 좇으세요. 생각하는 것이 얼마나 강한지 알게 될 것입니다. 네버 기브 업. 저는 포기는 안 합니다. 무슨 일이 있어도 포기는 안 하고 아무리 실패를 해도 내일은 하루가 더 있으니까 다시 시작합니다.

– 김욱진 회장 –

희망 전도사라고 불러도 손색없는 그의 인생은 위로가 되고 희망이 된다. 실패는 누구나 할 수 있다. 그러나 실패를 발판 삼아 성공으로 가는 사다리로 이용하는 사람들은 극히 소수다. '인생은 마지막까지 살아봐야 한다'는 이야기가 많은 책과 강연에 소재로 사용된다. 그럼에도 우리의 인생에 적용하기는 쉽지 않다.

사업 실패로 비참한 시간을 버텨내고 바닥을 찍는 좌절을 맛본 후 상황을 역전시키기란 죽기만큼 힘든 일이다. 성공한 사람들이 과거 어려웠던 시절의 이야기를 해주어도 많은 사람들이 나와는 다른 사람이라고 치부해버리고 포기한다. 도전하지 않고 열매를 바라는 사람들의 말로는 항상 똑같다. 중도 포기는 점점 익숙해진다.

나 또한 그런 비참한 선택의 갈림길에서 고민하고 망설였던 시간이 있었다. 누가 나를 대신해줬으면 하는 바람으로 기도를 하지만, 소용없었다. 선택은 나만이 할 수 있고 책임 또한 내가 져야 한다.

'신용불량자'라는 딱지가 내 인생에 익숙해지는 것이 싫었다. 할 수 없이 정해진 그 운명에 몸을 맡겨야 했지만, 출구가 없어 보이는 현실에 답답함만 커져갔다. 닭꼬치 노점을 선택하기까지 고뇌의 시간을 겪었다.

'과연 내가 할 수 있을까?'

'사람들의 비웃음을 이겨낼 수 있을까?'

'이 길밖에 없나? 다른 길은 없을까?'

시도해본 사람들이 세상을 바꾼다. 실패를 통해 배운 교훈을 발판 삼아 성공의 길을 찾는다. 무작정 뛰어드는 무모함을 말하려는 것이 아니다. 계획을 세우고 확신을 가지고 시작해야 한다. 위험을 최소화할 수 있는 방법을 찾아보고 나서 결정하는 그 신중함이 실패 확률을 줄인다. 길거리에서 하는 장사에도 기본이 있고, 노하우가 있고, 매뉴얼이 있다는 것을 깨달아야 살아남을 수 있다.

남들 앞에서 외치고 꼬치를 팔아야 한다는 것이 무서웠다. 처음 해보는 것일 뿐 못할 일은 아니라는 생각을 가지니 한결 마음이 가벼웠다. 많은 책을 읽고 용기를 가질 수 있었다.

트럭장사에도 교육이 필요하고, 배움이 바탕이 되어야만 망하지 않고 성공할 수 있다. 남들이 우습게 여기는 장사지만, 그 안에 노하우가 있다. 그것을 알고 배우고 시작하느냐 아니냐에 따라 성공과 실패가 좌우된다.

―배성기,《국가대표 트럭 장사꾼》중에서

나도 당시 많은 고민을 했다. 시간당 매출도 계산해보고, 어떤 위치에서 시작하면 좋을지도 가늠해 보면서 그럴듯한 사업을 하는 기분이 들기도 했다. 관심을 두면 보인다. 지켜보면 필요한 것이 보이게 되어 있다. 그 필요를 채우면 된다.

'주요 타깃 고객은 누구인가?'

'하루 매출은 어느 정도가 될까?'

'메뉴 판매 방법은 확실하게 익혔나?'

'다른 노점과 어떤 차별성이 있는가?'

이런 고민의 시간들을 지내면서 점점 자신감이 붙어갔다. 준비한 만큼 버틸 수 있다는 것을 깨달았다. 내가 번거롭게 하나라도 더 알아보고 발품을 팔아 노력한 만큼 보이는 것이다. 그것을 통해 새로운 길을 찾아낼 수 있다. 어렵사리 시작한 노점이 나를 장사의 길로 접어들게 할 줄 몰랐다. 그 작은 시작이 10년이 넘도록 이 자리를 지키게 해줬다.

당나라 대학자인 조유가 쓴 《반경》에 이런 이야기가 있다.

위나라 장수 왕창(王昶)과 진태(陳泰)가 전장에서 패했을 때 대장군 사마사(司馬師)는 이를 자신의 과실이라 말했다. 습착치(習鑿齒, 문장과 사재(史才)로 이름을 떨침. 후에 별가(別駕)까지 오름)가 말했다.

"사마 대장군은 두 번의 패전을 자신의 책임이라고 여겼다. 이로써 과실은 사라지고 업적은 창성해졌으니 명철한 사람이라 할 수 있다. 사람들은 그의 실패를 잊고 은혜에 보답하는 것만 생각했다. 그러니 스스로 업적을 세우려고 욕심내지 않아도, 어찌 업적이 세워지지 않을 수 있겠는가? 만약 실패를 감추고 남에게 책임을 돌리면서 모든 허물에 대해 핑계를 찾았다면 위아래 사람들의 마음이 멀어지고 모든 사람들이 그를 떠났을 것이다. 이는 초나라가 거듭 패하고 진나라가 거듭 승리할 수 있었던 이유이니 그 잘못이 매우 크다.

군주된 자가 이런 이치를 깨달아 나라를 다스린다면 과실이 있어도 아름다운 명성은 널리 퍼질 것이다. 전쟁에서 곤란을 겪어도 전략에서 이긴 것과 같으니, 백 번 패해도 마찬가지이다. 하물며 두 번 패한 것쯤이랴!"

실패를 자신의 탓으로 돌리고, 성공을 타인의 업적으로 돌린다. 세상의 이치를 깨달은 자들이나 행할 수 있는 일이다. 남에게 책임을 돌리고 자신은 발을 빼겠다는 리더가 판을 치는 세상에 참으로 아름다운 이야기다. 실패를 딛고 성공의 길로 방향 전환을 할 수 있는 방법은 과거를 통해 배우는 것이다.

* **조유**, 《**반경**》 중에서

Chapter

02

장사는 태도다

웃음을
파는 장사꾼

유머감각이 없는 사람은 스프링이 없는 마차와 같다.
길 위의 모든 조약돌에 부딪칠 때마다 삐걱거린다.

- 헨리 비처 -

노점과 배스킨라빈스를 할 때 정말 재미있게 일을 했다. 지금 하고 있는 카페 일도 즐겁다. 고객이 오는 것이 좋다. 아이스크림 매장을 운영할 때다. 바쁜 날이었다. 행사가 있어 평소 매출의 5배를 판매했다. 정말 힘들었다. 그 상황에서도 유머를 잊지 않았다.

S.O.S를 보낸 모든 아르바이트생들이 모두 못 온다고 했다. 아르바이트를 시작한지 한 달이 채 되지 않은 친구와 나 단둘이 매장을 지켰다. 아르바이트 친구는 식은땀을 흘리며 최선을 다해 아이스크림을 담았다. 정말 힘들었다.

아이스크림을 사기 위해 20명 정도가 줄을 서서 우리들을 지켜보고 있었다. 이럴 때 사장이 당황하면 안 된다. 난 그분들을 향해 이렇게 외쳤다.

"죄송합니다. 오늘 보시다시피 많이 바쁩니다. 지금 일하는 친구는 밥도 못 먹고 일하고 있습니다. 이 친구 일 시작한지 한 달도 안 돼서 오늘처럼 바쁜 거 처음인데, 오늘부로 그만둘까봐 걱정입니다.

그런데도 최선을 다하면서 식은땀 흘리는 거 보이시죠? 이 친구 손 떨리는 것도 보이시리라 생각합니다. 저도 놀지 않고 열심히 일하고 있습니다. 상황이 이러니 잠시 여유를 찾도록 도와주세요. 제가 먼저 계산을 하고 메모지를 드릴 테니, 아주 천천히 여유 있게 아이스크림 종류를 골라 적어 주세요. 글씨도 완전 천천히 적으셔야 합니다. 그 주문표를 받으면 정성껏 담아 포장해 드리겠습니다. 밑에 식품 매장에서 구입할 것들이 있으신 분들은 여유 있는 쇼핑을 즐기시다가 오시면 됩니다. 그동안 포장해 놓겠습니다."

급할수록 돌아가라는 속담처럼, 내가 먼저 흥분을 가라앉히고 상황을 이해시켜드리면 웬만한 분들을 제외하고는 다 참고 기다려주신다. 알아서 줄을 서시기도 하고, 천천히 하라며 다른 분께 양보하는 고객들도 있었다. 다른 매장들은 클레임이 많이 걸려 고통스러워했던 시간이 우리에겐 재미있게 아이스크림 담는 것을 봐주시는 시간이 되었다. 몇몇 친한 분들께는 더 기다려 달라면서 농담도 했다.

"기다린 만큼 마음의 무게가 아이스크림 통에 담길 거예요."

그러면 흔쾌히 알았다고 말씀하신다. 감사하게 바쁜 날을 마감했다.

"웃기는 게 제일 힘들어요."

유명 개그맨의 이야기가 아니다. 장사하는 사람들이 고객을 응대할 때 하는 하소연이다. 장사하는데 왜 웃겨야 하지? 유머가 장사와 무슨 상관이 있지? 그 이유가 궁금할 것이다.

사람들의 마음을 열기 위한 제일의 도구는 웃음과 유머이다. 사람들을 무장 해제시키고 마음의 문을 열어준다. 첫 만남에서 분위기가 어땠느냐에 따라 다음 관계는 물 흐르듯이 흘러갈 수 있다.

장사를 정중하고 친절하게 하면 되는 것 아닌가 반문하는 사람들이 많다. 맞는 말이다. 나 또한 그것이 기본적으로 갖추어져 있어야 한다고 생각한다. 하지만 그것만으로는 부족하다. 나만의 특별한 무기가 필요하다.

유머는 비장의 무기가 될 수 있다. 상황에 따라서는 정중한 것보다 더 우선시되어야 할 정도로 중요하다. 웃음은 마음의 문을 열어주고, 관계를 돈독하게 하며, 편안한 분위기를 만들어준다.

유머가 많은 사람은 결코 망하지 않는다.

– 윈스털 처칠

개그 프로그램을 보면서라도 자신도 잘 웃고, 남을 웃길 수 있는 노력을 해야 한다. 그게 정신건강과 심신건강에 너무 중요하다. 자신 없어 포기한다는 것은 장사를 하지 않겠다는 것과 동일하다. 자신의 무기로 발전시킬 수 있는 노력이 더해져야 한다.

선천적으로 그런 것이 안돼는 사람은 장사를 하지 말아야 하나? 개그맨이 될 정도까지 하라고는 말하지 않겠다. 단, 노력을 해야 한다는 뜻이다. 그 노력들이 쌓이고 익숙해졌을 때 나의 비장의 무기가 될 수 있다. 작은 실천이 나를 성장시킨다. 그런 노력도 없이 내가 원하는 것을 하루아침에 이뤄질 수 있다는 생각은 접어라.

만남 자체가 즐겁고, 다음 만남을 기약하기 위해서는 유머가 필요하다. 개그맨들의 아내가 예쁜 건 우연이 아니다. 웃음은 마음을 열게 하고 서로에게 호감을 갖게 만든다. 그 연결고리가 발전되면 이성의 경우 결혼까지 성공할 수 있다. 딱딱한 자리에서 무의식적으로 꺼낸 비즈니스 유머로 큰 성과를 이룬 사례 또한 부지기수로 많다.

열정감자로 유명한 청년장사꾼의 제일 큰 고민은 '어떻게 고객을 웃길 수 있을까?'였다고 한다.

1. 날씨로 웃기고 상황으로 웃겨라.

2. 행복을 나누는 것에 소홀하지 말고, 재미를 추구하라.

3. 개그 프로그램라도 유심히 봐라.

한 가지라도 기억해서 사용해 보면 의외로 성공확률이 높다는 것을 알 수 있다. 한번 성공하면 다음번은 더 쉽다.

사회적 이슈를 풍자해도 된다. '갑'질에 환멸을 느끼는 '을'들이 재치 있는 반란을 꾀하는 것을 보면서 재미를 느낀다.

"반말로 주문하면 반말로 주문 받습니다. 저는 남의 집 귀한 자식입니다."

유머를 장착한 '을'들의 반란에 공감을 하게 되어 그들을 응원하고 싶은 마음까지 든다. 내가 귀하게 자란 만큼 남들도 그렇게 자랐을 텐데 우리는 그런 것은 안중에도 없다. 단지 내 인생에 필요한 것이 채워지지 않을 때 한없이 불량한 사람으로 변모한다. 남들의 마음은 안중에도 없는 것처럼 말이다.

하나씩 변해야 한다. 서로를 배려하는 유머와 웃음을 나눌 수 있는 관계를 만들어야 한다. 장사하는 곳이 행복과 재미를 주는 장소여야 한다.

장사하는 사람이 웃음 제공자가 되어야 한다. 사람들을 행복하게 해주는 것이 배려다. 성공한 리더들에게는 공통점이 있다. 바로 유머다.

변호사 시절 링컨의 이야기다. 어느 날 링컨은 강도 혐의로 형사재판을 받게 된 한 젊은이의 변호를 맡게 되었다. 링컨은 그의 무죄를 확신했다. 그래서 다음과 같이 변호했다.

"피고 어머니의 증언에 의하면, 피고는 세상에 태어난 후 한 번도 자기네 농장을 떠나본 일이 없다고 합니다. 그는 출생 이후 줄곧 농장 일만 해 왔다는 것이지요. 이런 피고가 어떻게 농장에서 멀리 떨어진 객지에서 강도짓을 할 수 있었겠습니까? 도저히 있을 수 없는 일입니다."

링컨의 말이 끝나기가 무섭게 검사가 질문했다.

"변호사의 말에 의하면 피고는 출생 후 한 번도 농장을 떠난 적이 없이 줄곧 농장 일만 했다고 하는데, 아니 그럼 피고는 한 살 때도 일을 했단 말입니까? 대체 그때 무슨 일을 했다는 말입니까?"

검사는 '출생 이후 줄곧'이라는 말꼬리를 잡고 늘어졌다. 링컨은 당황하지 않고 바로 대답했다.

"네, 피고는 태어나자마자 젖 짜는 일을 했습니다. 다만 그때는 소의 젖이 아니라 그의 어머니의 젖이었습니다!"

그날 그 자리의 방청객은 물론 판사까지도 터져 나오는 웃음을 참기 위해 아주 고통스런 표정을 지어야만 했다. 한 살 때부터 이미 젖 짜는 일을 시작했다던 그 젊은이는 결국 무죄 판결을 받았다고 한다.

상황을 다 설명할 필요가 없다. 링컨의 일화처럼 촌철살인의 유머로 상황을 역전시키는 사례는 많다. 버진 항공사를 운영하는 리처드 브랜슨 회장을 보라. 그의 기행이 많은 매스컴에 오르내리기는 하지만, 그 덕에 회사 가치가 점점 더 올라간다. 돈 들이지 않고 광고하는 법을 알고 있는 것이다. 그는 열정과 유머를 가지고 있다.

할 일이 너무 많아 힘이 드는가? 재미를 추구하고, 유머로 분위기를 바꿔 보자. 얼마나 융통성 있게 일이 처리되는지 신기할 것이다. 재미가 일과는 상관이 없다고? 천만에 말씀이다. 일도 재밌게 할 수 있고, 공부도 재미있게 할 수 있다. 우리의 의지가 없을 뿐이고 아이디어를 내지 않아서일 뿐이다. 할 수 있는데 안 하는 것이다. 찾으려고 마음먹으면 찾을 수 있다.

> 구하라, 구할 것이요.
> 찾으라, 찾을 것이요.
> 문을 두드려라,
> 그리하면 열릴 것이다.
> — 《성경》, 마태복음 7장 7절

인기 있는 방송인들, 몸값 비싼 유명강사들, 명 설교자들. 그들은 적재적소에 유머를 사용하고 일을 즐긴다. 장사를 할 때도 그렇게 해야 한다. 사장인 내가 먼저 재미있게 일하고 유머를 즐겨 사용하면 된다. 안 그래도 팍팍한 세상살이에 지쳐 있는데, 진지하고 정석대로만 하면 모든 게 다 해결될 것 같은가? 절대 그렇지 않다.

변해야 한다. 감각이 떨어지면 하다못해 재미있는 모자라도 쓰고 일해라. 미소와 즐거움을 주기 위한 몸부림이 매출을 견인할 것이다.

내가 그렇게 노력하고 움직이는 것을 고객들은 알아채고 만다. 그러니 희망을 버리지 말고 끊임없이 시도해야 한다.

재미를 부여하자.

인생이 풍성해질 것이다.

유머를 사용하자.

손님이 또 다른 분들을 몰고 올 것이다.

노력하고 실천하자. 우리는 웃음을 파는 상인이다. 웃기는 자영업자다.

정민 교수의 《미쳐야 미친다》를 보면 천하의 둔재 김득신의 이야기가 나온다.

한식날이었다. 말을 타고 하인과 함께 들 밖으로 나갔다가 도중에 5언시 한 구절을 생각해 낸다. 그 구절은 '마상봉한식(馬上逢寒食)'이었다. 그에 대응하는 대구(對句)를 찾지 못해 끙끙거리자, 앞에서 말을 이끌던 하인이 김득신에게 이유를 묻는다.

"왜 그러십니까?"

"마상봉한식의 마땅한 대구를 찾지 못해 애를 쓰고 있는 중이다."

"도중속모춘(途中屬暮春)."

보다 못한 하인이 이렇게 외쳤다.

'말 위에서 한식을 만나니, 도중에 늦은 봄을 맞이 했네'로 어울리는 대구가 완성됐다.

놀란 김득신은 말에서 뛰어내렸다. 그리고 말했다.

"너의 시 짓는 재주가 나보다 낫다. 이제부터는 내가 말구종을 하겠다. 이 말을 나 대신 네가 타라."

하인이 웃으며 말했다.

"그 시구는 제가 지은 게 아니고, 나으리가 날마다 외우시던 당시(唐詩) 아닙니까?"

김득신은 자신의 머리를 쥐어박으며 이렇게 말했다.

"아, 참 그렇지!"

백곡 김득신(金得臣, 1604~1684)은 엽기적인 노력가다. 1604년(선조 37년)에 태어나 문명을 크게 떨친 인물로, 화가 김득신과는 동명이인이다. 평생 학문을 두고 쉬지 않고 노력했다. 자신의 머리가 좋지 않다는 것을 알고 성실함으로 부족함을 채웠다. 둔재의 무식하리만치 성실한 노력이 그를 명문 시 문장가로 만들었다. 사마천의 《사기》 중에 백이전 등은 11만 번을 넘게 읽었다. 자신의 둔함을 탓하지 않고 평생을 통해 노력하며 살았던 그의 모습에 인간 승리의 모습을 볼 수 있다. 그에 더해 자신의 실수를 유머로 승화할 수 있는 그의 넉넉한 인품에도 반할 만하다.

02
냄새
나는 사람

부러우면 지는 게 아니라, 부끄러우면 지는 거다.

많은 사람들이 이야기한다.

"어떤 향기가 나는 사람인지를 보면 그 사람에 대해 알 수 있다."

이 말에 나도 공감한다. 나는 여기에 덧붙이고 싶다.

"장사하는 사람은 그 장사 냄새가 나야 한다."

닭꼬치 노점장사를 할 때 내 몸에서는 하루 종일 닭꼬치 냄새가 났다. 집에 가서 샤워해야만 끝이 나는 냄새였다. 고약하거나 역겹다는 것을 말하려는 것이 아니다. 그 냄새는 나의 존재감과 일과를 설명해주는 냄새였다.

하루 종일 가스불 앞에서 매일 300개 이상의 닭꼬치를 구워댔으니, 냄새가 배지 않으면 그게 더 이상한 것 아닌가? 우리 아이들이 어렸을 때다. 가끔 장사하는 아빠 보겠다고 유치원에 다니는 아이들이 달려와 안겼다. 있는 힘껏 사랑스러운 아이들을 안아주면 항상 이런 말을 했다.

"아빠, 닭꼬치 냄새 고소해~!"

그 말은 많은 생각을 하게 만들었다.

시간이 지나 배스킨라빈스를 운영했다. 사람들은 잘 모를 수도 있겠지만, 아이스크림도 종류별로 각각의 냄새가 있다. 그런데 그것은 냉장고(디핑케이스)를 열어보고 맡아야 느낄 수 있는 냄새라 몸에 밸 정도는 아니다. 그런 향긋한 냄새와 함께 6년의 시간을 보냈다. 그때는 아주 은은한 향수나 스킨 냄새가 났겠지? 아니면 퀴퀴한 땀 냄새 정도?

지금은 카페 운영 중이다. 로스터리 카페라 매일 콩도 볶고 커피 내리기 전 그라인더로 가는데, 그 향기가 또 끝내준다. 내 몸에는 커피향이 배어 있다. 마감을 하고 집에 가면 아이들과 포옹을 하는데, 아빠에게 커피 냄새가 난단다. 그래서인지 아이들이 커피를 좋아한다. 지인과 만날 때도 나만 오면 커피 냄새가 난다고 한다. 나는 그 말을 좋게 받아들인다.

누구나 각자의 냄새를 가지고 있다. 삶의 향기 말고도 직업적인 부분의 냄새까지 말이다. 우리 모두는 그런 냄새와 함께 살아간다. 그 냄새는 나의 존재 이유이기도 하고, 내 정체성이기도 하다. 내 몸에는 어떤 냄새가 배어 있는가? 이것이 나의 직업을 그리고 나의 삶을 표출한다. 나는 나에게 나는 그 냄새가 좋다. 내가 현재하고 있는 일에 대한 자부심을 느낄 수 있기도 하다. 가끔 아주 가끔이지만 그런 냄새를 부끄러워하는 사람들이 있다. 자신의 직업이 부끄러운 사람들이 과연 얼마나 즐기면서 장사를 할 수 있을까? 그럴 수 없다는 게 내 생각이다.

배스킨라빈스 점주교육을 받을 때다. 대기업 임원까지 했던 분께서 퇴직을 하고 나서 배스킨라빈스를 하고자 점주교육을 받으러 왔다. 점주교육기간은 이론과 실습이 각 1주일씩, 총 2주다. 이론교육은 본사 교육실에서 배우고, 실습교육은 배스킨라빈스 직영 매장에서 아르바이트생이 되어 고객을 응대하고 메뉴 판매와 아이스크림 담기 등으로 진행된다.

그는 서울의 어느 직영점을 배정받았다. 자신이 사는 동네에서 조금은 떨어진 곳이었지만, 예전 회사와 그리 멀지 않은 곳이었다.

"도저히 아는 사람을 만날까봐 창피해서 나갈 수가 없어요. 교육 마치고는 매니저를 뽑아서 오토로 매장을 운영하려 했는데, 이렇게 제가 꼭 직접 일을 해야만 하나요?"

자신은 사업자 명의만 올리고 모든 일을 사람을 써서 한다기에 부럽기도 했다. 하지만 '그러려면 왜 장사를 할까?'라는 생각이 들기도 했다. 이 말을 듣고 웃기는 했지만, 안타깝기도 했다.

부러우면 지는 게 아니라, 부끄러우면 지는 거다!

미안하지만, 이런 마인드를 가진 사람들은 장사를 하지 말아야 한다. 나부터 자신이 없고, 일하는 것이 창피하여 숨고 싶은데 어떻게 장사를 하겠는가? 내가 하는 일이 부끄러운데 어떻게 성공할 수 있겠는가? 내가 하는 일에 남들이 어떻게 볼까 그들의 눈이 의식되고 부담되는데, 그 마음으로 어떻게 남들을 섬기는 행동을 할 수 있을까?

자신에게 그 직업의 냄새가 덧입혀질 텐데, 준비도 안 된 상태에서 돈만 보고 시작하는 것이라면 시작하지 말라고 단호히 이야기하고 싶다. 실패로 가는 첫걸음이나 마찬가지다.

나는 그동안 많은 냄새를 거쳐 이제는 커피 냄새 나는 사람이 되었다. 지금껏 나에게 배어 있던 냄새가 싫거나 부끄러운 적은 없었다. 그런 과거가 있기에 지금이 있는 것을 안다. 그게 나의 자양분이 되었고, 고객들을 어떻게 섬겨야 하는가를 배우는 훈련의 시간이었다. 상황에 따라 어떻게 대처하고 사람들의 마음을 어떻게 이해하고 존중해야 하는지를 배웠다.

모든 이들에겐 냄새가 있다. 그게 삶에서 풍겨져 나오는 냄새든,

실제 느낄 수 있는 후각적인 냄새든 우리는 그것에 감사하고 최선을 다해 살아야 한다. 냄새가 부끄러워 감추려고 향수를 위에 뿌리면 뒤섞여 요상한 냄새가 난다. 섞인 냄새가 얼마나 역겨운지 알아야 한다.

자신의 냄새를 바꾸고 싶다면 깨끗이 씻고 나서 다른 냄새를 입혀야 한다. 모든 일에는 순서가 있다. 새 옷을 입기 위해서는 입고 있던 옷을 먼저 벗어야 한다. 그래야 새 옷을 입을 수 있다. 껴입는 것으로는 제대로 된 맵시를 낼 수 없다.

대기업 임원까지 했던 분이 다른 냄새로 자신을 만들기 위해서는 이전의 냄새는 깔끔하게 지워야 한다. 지금의 모습이 부끄러워 자신의 과거에만 집착하는 인생엔 미래가 없다. 철저하게 이전의 삶과 분리되는 방법을 배우고 실천해야 한다.

과거는 중요하지 않다. 현재와 미래가 더 중요하다. 나의 냄새는 중요하지 않다. 그 냄새를 어떻게 받아드리느냐가 더 중요하다. 무엇을 하느냐는 중요하지 않다. 누가 하느냐가 더 중요하다.

이전과 다른 삶을 사는 방법이 있다.

1. 생각을 바꿔라.

2. 공간을 바꿔라.

3. 만나는 사람을 바꿔라.

각자의 자리에서 좋은 냄새와 행복을 전하는 향기를 품을 때 내 인생이 풍성해지고, 많은 이들에게 인정도 받을 수 있다. 직업에는 귀천이 없다. 그런 귀천을 따질 시간에 더 노력하자. 내가 하는 일이 부끄러워 앞에 나서지 못하는데, 어떤 사람이 나에게 성공을 가져다줄까? 일어날 수 없는 일이다.

내가 이런 일을 할 사람이 아니라고? 내가 어떤 사람인데 이깟 일을 하느냐고? 그런 말을 하는 사람은 더 철저하게 망해봐야 한다. 아직 기운이 남아 있어 그런 말을 하는 것이다. 자신은 특별한가? 그럼 왜 그런 인생을 살았을까? 자문해 봐야 한다. 자기 수준을 파악하지 못하면 다른 일을 할 준비가 안 된 것이다.

나만 특별하고 다른 이들은 평범한 인생이라고 말하는 것 자체가 아직 정신을 차리지 못한 것이다. 그런 생각 자체가 직업의 귀천을 나누고, 계급으로 인생을 나눈다. 그런 사람에겐 미래가 없다. 단언하고 싶다. 그런 마인드로 장사해서는 안 된다. 사람을 섬기고자 하는데, 귀천을 따져 사람을 구분 지을 것인가? 내 가게에 오는 모든 분들이 소중하고 귀한데 어찌 귀천을 따질 것인가? 제대로 차려 입고 방문한 사람은 잘 대해주고, 허름하게 입고 오는 고객은 소금 뿌려 내칠 것인가? 안 될 말이다. 그런 자세로 시작해서도 안 되지만, 그런 자세가 안 된 사람은 다른 일 하는 것도 조심해야 한다.

우리 인생에 평생 동안 몇 번의 냄새를 갈아탈지 모르겠다. 냄새가 바뀌든 그렇지 않든 간에 그 냄새를 내 것으로 인정하고 최선을 다해야 한다. 내 냄새가 자랑스럽고 내가 하는 일이 자랑스러워야 한다. 고객들은 보고 있고 알고 있다. 그들에게 당당할 일을 만들고 내가 더 당당해져서 특별함을 선물하는 장사꾼이 되어야 한다.

향기가 나는 사람이 되어야 한다.
나의 향기는 상대방에게 주고
상대방의 향기는 내가 받아들여
늘 서로 다독이며 격려함으로,
삶이 아름다운 은총이라는 것을
가슴이 시린 사람들이나 사랑이 그리운 이들에게 전해주
는 아름다운 사람, 향기 나는 사람이 되어야 한다.

* 김옥림, 《사랑의 비타민》 중에서

돈은
나중에 주세요

노점 때부터 배스킨라빈스, 그리고 지금의 카페를 운영하면서 여러 번 경험한 일이 있다. 주문도 했고 내 쪽에서 제품도 드렸는데, 갑자기 주머니를 뒤지기 시작한다.

'아, 돈을 안 가져 오셨구나!'

일찍 파악이 되는 경우도 있고, 잠시 다른 생각하다가 멈칫하는 경우도 있다. 이럴 때 어떻게 해야 할까? 장사하는 사람이라면 한번쯤 경험해봤을 법한 상황이다. 벌써 제품은 드려서 되돌려 받아 다른 분께 다시 팔 수도 없고, 그렇다고 그냥 줄 수도 없는 참 애매한 상황이다. 이 경우 정답은 한 가지밖에 없다.

"다음에 와서 주세요."

내려놓아야 마음이 편하다. 이러면 미안해하면서 갔다가 대부분 돈을 주러 오신다. 처음부터 나쁜 마음으로 작정하고 오는 분이 많지 않을뿐더러 설령 다시 안 오시더라도 그 수밖에 없다. 그게 판매자 입장에서 편하다. 마음 졸이며 다음 날 올지 그 다음 날 올지 오매불망 기다려봐야 소용없다. 안 줄 분들은 안 준다.

배스킨라빈스를 할 때다. 이 이야기를 배스킨라빈스를 마무리하고 1년이 지나서 들은 것이니 한 4년 정도 묵은 이야기다. 창업 관련 문제로 알게 된 '족보 있는 국밥' 한래현 대표가 우리 카페에 왔다. 2시간 가량 이런저런 비즈니스 이야기를 나누다가 나의 과거이야기가 나왔다.

롯데마트에서 배스킨라빈스를 운영했다고 말했다. 그분이 깜짝 놀라시며 언제부터 했는지 묻는다. 2009년부터라고 말씀을 드렸더니 자신의 이야기를 풀어 놓으셨다. 자신은 마트 주변 아파트에 살았다고 한다. 아이 생일이어서 아이스크림 케이크를 골라 포장을 요청하고 물품을 받아 계산을 하려고 하니 지갑이 없었다고 한다. 몹시 당황한 그 앞에서, 계산을 준비 중이던 아르바이트생이 말했다.

"3만 원입니다."

"제가 지갑을 안 가져 왔네요. 지금 집에 가서 가져올 테니 잠시

만 맡아주시면 안 될까요?"

아르바이트생 역시 난처해하며 뒤쪽에서 다른 일을 하고 있던 나에게 상황 설명을 했다고 한다. 난 기억이 없다. 상황을 짐작한 내가 그분께 상냥한 말투와 표정으로 이렇게 말했다고 한다.

"그냥 가져가시고 나중에 오셔서 계산해 주세요."

그 기억이 아직도 있다며 지금도 고맙다고 했다.

별것 아닌 나의 작은 친절이 오랜 시간이 지났는데도, 그런 좋은 기억으로 남아 있다는 말을 들으면서 잘 살아야겠다는 다짐을 다시 했다. 작은 친절도 타이밍이 중요하다. 별다른 뜻 없이 쿨하게 행했던 나의 배려가 나중에 큰 열매로 자라서 돌아온다는 것을 다시 한 번 알게 되었다.

내가 노점을 할 때다. 완전 단골인 중학교 2학년 3명의 여자 친구들이 하루도 빼놓지 않고 왔다. 방학 중 학원 수업이 없는 시간에는 나와 수다를 떨기 위해 아예 2시간씩 의자에 자리를 잡고 앉았다. 귀염둥이들은 장난도 치고, 고민도 이야기하고, 공부 한탄도 했다.

그 친구들은 고등학생이 되고 나는 아이스크림 매장을 시작하게 되면서 자주 만나지 못했지만, 가끔 매장으로 놀러와 아이스크림을 사가곤 했다. 한 친구는 유학을 갔고, 두 친구는 대학에 입학에 잘 다니면서 가끔 서로의 안부를 묻는 정도로 지냈는데, 그중 한 친구의 어머니가 나의 배스킨라빈스 매장을 인수하셨다. 지금도 카페에 오셔서 어떻게 지내시는지 이야기하시고 음으로 양으로 도와주시려고 엄청 마음 써 주신다. 감사하고 죄송하다.

단골 친구들과의 관계가 이렇게까지 발전하게 될 줄 꿈에도 몰랐다. 시작은 단순한 친절이었다. 그 관계가 지속되어 이렇게까지 연결되는 것을 보면서 많은 것을 깨닫는다. 작은 일에도 최선을 다하고, 사람 대하는데 정성을 다한 결과다.

모든 것을 계산하면서 행동할 수는 없다. 내가 평소 생각한 것, 마음속에 있는 것은 생활 곳곳에서 표출된다. 그래서 인성을 키워야 한다. 작은 친절도 몸에 밸 정도가 되어야 한다. 이것은 훈련을 통해서 되는 것이 아니다. 그들을 향한 배려의 마음이 있다면 자연스럽게 된다. 사랑하는 사람을 향한 행동이 배려로 표출되는 것처럼, 내가 고객을 어떻게 생각하고 대하는지는 평소 마음에서 나오게 되어 있다. 내가 생각하는 것이 행동으로 나온다.

친절을 베풀 때처럼 친절을 요구할 때도 타이밍이 중요하다. 친절을 요구하는 타이밍에 대한 재미난 에피소드가 하나 있다. 배스킨라빈스를 하고 있을 때다. 건강검진을 하면서 처음으로 위내시경과 대장내시경을 같이 신청했다. 저녁부터 금식을 하고 속을 모두 비워내는 약을 먹었다. 모든 검진을 마치고 마지막으로 위, 대장 내시경을 하는 시간이 왔다. 간호사의 설명을 듣고 뒤쪽에 구멍 뚫린 환자복 바지를 입었다. 난생 처음이라 떨리고 긴장됐다. 병원에서 하는 거라 고분고분 말을 잘 들었다.

"처음이신가요?"

"네, 처음입니다."

"옆으로 새우잠 주무시듯이 누우세요. 처음이시면 움직이실 수 있으니, 손은 침대에 묶겠습니다."

내가 들은 바로는 손을 묶는다는 이야기는 없었는데, 긴장되어 몸이 경직되었다. 손도 묶이고 입에는 개구기 같은 플라스틱을 물고 옴짝달싹 못하는 신세가 되었다. 그물에 걸린 물고기 신세 같았다. 갑자기 간호사 세 명이 커튼을 젖히고 들어온다.

'원래 이렇게 많은 사람들이 필요한 건가?'

나를 빙 둘러싸고 간호사들이 물었다. 하는 말이 기가 막히다.

"롯데마트에서 배스킨라빈스 하시죠?"

"네? 네……."

"다음에 저희가 가면 아이스크림 많이 주세요!"

"아, 네!"

맙소사! 그걸 손 묶어 놓고 수면주사 놓으면서 하다니 대단하다. 정말 기가 막힌 타이밍이라고 생각했다. 꼼짝 못하게 하고 답을 받아냈으니 그들은 최고의 순간을 아는 분들이다. 간호사들의 지혜에 감탄했다. 그녀들에게 완전히 졌다. 세 분이서 들어오기 전까지 전혀 눈치 채지 못했다. 갑자기 묶어 놓더니만 협박하듯이 하는 말에

항복할 수밖에 없었다. 지나고 나니 웃겼지만, 그때 당시는 얼굴이 많이 달아올랐다. 부끄럽기도 했다.

갈택이어(竭澤而漁) - 연못의 물을 말려 버린 후 물고기를 잡음. 즉 눈앞의 이익을 얻기 위해 먼 장래를 생각하지 않음.

춘추오패 가운데 한 사람인 진(晉) 문공이 초나라와 맞부딪히게 되었다. 강력한 초나라를 상대로 이기기란 쉬운 일이 아니었다. 이에 문공은 대부 호언에게 자문을 구했다.
"속임수를 쓰는 것은 어떨까요. 이기는 것이 중요하지 전쟁에서 예의는 중요치 않은 법이죠."
다시 문공이 이옹에게 자문을 구했다. 그러자 이옹은 이렇게 말했다.
"연못의 물을 모두 퍼낸다면 당장 많은 물고기를 잡을 수 있습니다. 그러나 나중에는 물고기를 한 마리도 잡지 못할 것입니다. 또한 산짐승을 잡기 위해 산의 나무를 모두 태워 버린다면 훗날엔 잡을 짐승이 한 마리도 남아 있지 않을 것입니다. 지금 속임수를 써서 위기를 넘긴다 해도 이는 영원한 해결책이 아니라 임시방편(臨時方便)일 뿐입니다."

눈앞의 이익 너머를 볼 수 있는 통찰력을 가져야 한다. 작은 것에 욕심을 내면 소탐대실한다.

인생의 꼬리표

지금까지 농업과 장사는 멍청이라도
할 수 있는 일이라고 이야기되어 왔습니다. 하지만
소매업은 이제 '생각하지 않는 자세'로는 불가능한 일이 되었습니다.

— 스즈키 도시후미 —

나에게는 꼬리표가 하나 있다. 아니 여러 개 있다. 노점 아저씨, 닭꼬치 아저씨, 배라 아저씨, 카페 아저씨, 교회 아저씨 등 웬만한 아저씨를 갖다 붙이면 거의 다 들어맞는다. 동네에서 아직도 이렇게 부르는 친구들이 있다. 나는 그게 재미있고 듣기 좋다.

노점을 시작한 것은 9년 전인 32살 때였다. 용기 내어 시작한 장사, 내 첫 경험이었다. 새로운 분야였기 때문에 두려움이 가득했다. 주변에 해본 사람을 만날 수도 없었고, 조언을 구할 사람도 없었다.

하나하나 준비하면서 포기하고 싶은 마음이 수시로 드는 것을 겨우겨우 진정시켰다. 지금이야 신앙의 힘으로 이겨냈다고 말하지만,

정말 많은 고민과 두려움 때문에 망설이기가 한두 번이 아니었다.

20대에 시작한 인터넷 관련 사업들은 말 못할 사정으로 차례차례 정리하고, 아는 사장님 인터넷 쇼핑몰에 실장으로 3년 정도 근무하면서 인천으로 이사를 하게 되었다. 아내가 가정어린이집을 운영해 보고 싶다는 말과 오랜 친구의 언변에 끌려 별 고민 없이 낯선 곳으로 터전을 옮겼다.

이사 후 친구들에게 이런 식으로 말하곤 했었다.

"나는 셔터맨이 될 거야. 아내가 돈 많이 벌 거니까 문 열고 닫는 것만 도와주면 될 거 같아. 이제 난 여유 있게 살아볼란다."

지금 그때를 생각하면 쥐구멍을 찾고 싶어진다. 창피하다. 인천에서 시작한 가정어린이집은 녹록한 일이 아니었다. 아내가 하는 일이긴 하지만 옆에서 지켜본 바로는 허울만 좋은 사업이라는 것을 깨닫는데 그리 많은 시간이 필요하진 않았다. 겨우겨우 먹고 살 수는 있겠으나 부를 이룰 수 있는 정도는 아니었다. 내가 꿈꾸는 셔터맨의 자리는 어디에도 없었다.

어린이집 원아들이 채워지는 데까지 오랜 시간을 기다려야 하는 것과 선생님과 아이들의 비율을 맞춰야 하는데, 아이가 부족해도 선생님이 부족하면 안 되니 선생님은 항상 대기하고 있어야 한다. 그로 인해 인건비는 꼬박꼬박 나가는 구조였다. 아내는 최선을 다해 아이들을 사랑했다. 덕분에 지금도 어린이집 원장님의 이미지는 좋게 남아있다. 이전에 학부모였던 분이 지금은 카페 고객으로 오신다. 어린이집 다닐 때 좋은 기억으로 인해 꼭 아내에게 감사인사를 한다. 옆에서 듣는 나도 괜히 기분이 좋다. 당시 나는 서울로 왕복 4시간 정도 출퇴근을 했다. 장거리 출퇴근을 하는 게 반복되다 보니 지치기 시작했다. 급여도 제때 나오지 않았고, 회사도 점점 어려워졌다. 새로운 일을 찾아 나서야 할 때라는 결정이 자연스럽게 내려졌다.

노점은 정말 단순하게 결정했다. 장사를 하는데 최소비용으로 시작할 수 있는 게 뭐가 있을까? 신도시에는 학생들이 많으니 그런 친구들을 대상으로 하는 아이템이면 좋겠다.

동시에 걱정도 됐다. 한 번도 노점을 해본 적이 없었고, 신용불량 상태였으며, 이 일이 부끄럽다 생각하지는 않았지만 길바닥에서 앞치마를 두르고 장사하는 모습을 보며 걱정할 양가 부모님 생각에 머리가 아팠다. 아내 또한 못난 남편 둬서 마음 고생이 적지 않았다.

우여곡절 끝에 시작한 장사는 감사하게도 잘되었다. 첫날엔 14시간 동안 화장실을 한 번도 못 갔다. 긴장하고 바쁘면서 몸이 완벽하게 경직되었다. 밤 12시가 돼서야 마무리하고 집에 와서는 정말 진이 다 빠졌다.

그런데 행복했다. 뭔가를 내 힘으로 했다는 그런 뿌듯함이 있었다. 점차 자리 잡아가는 것이 눈에 보이기 시작했고, 동네에서 아이들에게 인사 받고 다니는 동네 유명인사가 되었다.

아이들은 학교가 끝나면 달려와서 인사하고 꼬치를 사 먹었다. 하루 300명 정도의 친구들과 인사하고 하이파이브를 했다. 동네 유명인사로 나중에 구의원 나가라는 농담을 하는 분들도 계셨다.

먹지 않아도 와서 인사하고 좀 한가하다 싶으면 상담하고 돌아갔다. 남들이 볼 때는 우스운 장사였을지 모르지만 나는 그 시간을 통해 성장했고 잘하는 일을 찾았다. 행복했다.

아이들은 선입견이 없다. 내가 밝은 표정과 말투로 인사하면 그들도 그대로 받아주고 마음을 연다. 아이들은 어른들과 다르다. 어른들은 나를 한번 훑어본다. 얕잡아 보면서 말을 함부로 한다. 처음엔 상처받았지만 금세 익숙해졌다. 방법은 별거 없다. 참으면 된다.

2년간의 노점 장사를 마무리하고 시간이 흐른 뒤 가까운 곳에 대형마트가 생겼다. 거기에 입점하는 배스킨라빈스를 시작했다. 많은 분들의 도움이 있었기에 가능했다. 덕분에 또 한 번의 꼬리표가 생기게 되었다.

배스킨 아저씨, 배라 아저씨. 아이스크림 아저씨. 6년간의 배스킨라빈스를 정리하고 이젠 동네 카페 아저씨가 되었다.

나를 따라다니는 그 별명과도 같은 꼬리표들은 내가 살아온 행적임을 알았다. 자신이 어떻게 살아왔는지는 그 사람에게 붙은 그 꼬리표를 보면 알 수가 있다. 걸어온 길을 되짚어보고 싶다면 자신에게 붙어있는 꼬리표를 훑어보길 권한다. 내 인생의 꼬리표를 소중히 여겨야 한다.

조심스럽게 관리하면서 살아가야 한다. 꼬리표는 여러 번 바뀌었지만 장사를 하면서 이것만은 변치 말고 굳게 지키려고 했던 원칙이 몇 가지 있다.

첫째, 인사는 기본이다.

하루 10번을 같은 분을 만나도 고개 숙이고 인사하는 것은 당연하다. 그게 부끄러우면 장사하지 말아야 한다. 길거리에서 만나도 나는 인사한다. 그분이 나를 몰라보는 경우가 많이 있어도 한다. 인사 후 설명을 하면 이해하니 별 걱정 없다. 인사한다고 미쳤다고 흉보는 경우는 아직 못 봤다. 목소리가 너무 커서 깜짝 놀라는 경우가 있긴 하지만, 걱정할 정도는 아니다. 그 인사가 기본이다. 장사의 근본을 배워야 한다.

딸과 아들이 있는 나는 가끔 동네 한 바퀴를 함께 산책한다. 그날도 편안한 복장으로 아이들과 손잡고 걷고 있었다. 한 청년이 다가와 인사하길래 반갑게 인사하고 보냈더니 또 다른 여학생이 인사를 한다. 이렇게 100m를 가는 동안 5명에게 인사를 받으니 딸이 묻는다.

"아빠, 누구야?"

"응, 닭꼬치 할 때 알게 된 단골 친구들이야."

"아빠는 왜 이렇게 아는 사람이 많아?"

"응, 장사를 여기서 오래 했더니 아는 사람이 많이 생기네?"

"아빠랑 다니면 인사하고 인사받느라 내가 얘기를 못하겠어."

"미안해."

딸의 장난 섞인 투정도 나는 즐거웠다. 이게 내 일상이다. 엘리베이터를 타면 세 번 중에 한 번은 아는 사람을 만난다. 이때도 내가 먼저 인사한다. 학생들이 대부분이지만, 어른들도 꽤 있다. 평소 인사가 몸에 배서 모른 척하는 게 어색하다.

둘째, 밝아야 한다.

내가 표정이 밝고 말투가 밝고 행동이 밝으면 사람들은 나를 만나고 싶어 하고 인사하려고 하지만, 내가 피곤하고 기색이 좋지 않고 지쳐 있으면 먼저 인사를 건네지 않는다. 자신의 인상을 관리하고 사람들을 대하는 모습을 연습해야 한다. 내 에너지가 그들에게 흘러가는 것을 알아야 한다. 좋은 에너지를 주기 위해서는 내가 먼저 밝고 행복해야 한다. 몸을 단정하게 하고 관리하라. 운동을 통해 단련시키는 방법을 추천한다.

셋째, 마음을 줘야 한다.

내가 진심으로 대하는 마음의 자세가 되어 있으면 오는 분들도 똑같은 마음으로 나를 대해 준다. 가식적으로 싫은 것을 억지로 참고 하면 그들도 다 안다. 그게 소통이고 몸의 언어라는 것을 살아가면서 정확하게 깨닫게 된다. 마음은 속일 수 없다. 반드시 드러나게 되어 있다.

"사람들에게 좋은 일이 생기면 그들과 함께 기뻐하고, 나쁜 일이 생기면 그들과 함께 슬퍼하라."

너무나도 평범하고 단순한 말이다. 하지만 진리는 단순하고 쉽다는 것을 명심하자. 단순한 진리를 실행하고 실천하는 사람이 많지 않다는 게 문제다. 그것을 알고 실행하고 따른다면 분명 열매를 얻을 수 있다. 위대한 성공을 이룬 사람들은 단순한 것에 집중한 사람들이다. 단지 실행력의 차이다.

100가지 재주가 있는 여우는 한 가지를 뛰어나게 잘하는 고슴도치를 이길 수 없다. 단순한 한 가지를 잘하는 것이 중요하다. 인생의 꼬리표를 더 단순하게 만들자. 내가 만족스럽고 행복하게 살면 좋은 꼬리표가 붙게 되어 있다. '장사꾼'이라는 꼬리표를 자랑스럽게 여기고, 최선을 다해 사람을 섬길 수 있는 자세를 가지고 있다면 장사를 통해 사람을 얻고 성공할 수 있을 것이다.

기본을 지키는 그 자세가 가장 중요하다는 것을 마음에 새기길 권한다. 사람들은 그 태도를 기억한다. 여름휴가 기간에 부모님과

형제 가족들을 포함해서 10명이 넘는 인원이 평창으로 휴가를 떠났다. 아침 일찍 출발해 출출하여 휴게소에 들러 아침을 먹기로 했다. 차에서 내리며 다른 가족들에게 말했다.

"여기까지 와서 아는 사람 만나면 나 정말 유명인사겠지?"

"그렇다면 인정해주지."

휴가 시즌이라 북적였다. 사람들로 가득 찬 식당에서 자리를 잡지 못하고 테이블 뒤편에서 미리 메뉴를 고르고 있었다. 그런데 앞쪽에서 중학생쯤 되어 보이는 여자아이가 일어서서 누군가를 향해 매우 반갑게 손을 흔들고 있어서 보니,

'와!!!!'

같은 아파트에 사는 단골 가족이었다. 닭꼬치 노점을 할 때부터 온 가족을 알게 되었고, 배스킨라빈스를 하면서 더 가깝게 인사하는 분들이다.

나도 놀랐고, 그 가족도 놀랐다. 여기까지 와서 나를 만나게 될 줄 몰랐단다. 휴가 가는 길에 잠깐 식사하려고 들렀다며 반가움을 표시하며 이야기를 즐겁게 주고받았다. 마침 자리가 나서 가족들이 있는 테이블로 갔다. 내 가족들에게 어깨가 으쓱해지는 순간이었다.

"이 정도면 동네 유지 정도는 되겠지?"

온 가족이 한바탕 웃었다.

내 마음에 불편함이 있었다면, 그만큼 반갑게 인사할 수 있었을

까? 모르는 체 피하고 싶을 수도 있는 관계인데, 그렇게 거리낌 없이 만나면 바로 반가움을 표현할 수 있는 사이라는 생각에 정말 기쁘고 감사했다. 덕분에 나도 가족들에게 잘난척 좀 하는 시간이었다. 내 마음자세가 상대에게도 전달되는 것이다. 내가 생각하는 대로 내가 대접받는 것임을 잊지 말자.

자신을 수양하고 남을 받들어라.

자로가 군자에 관하여 여쭈어보자 공자께서 "자기 자신을 닦아서 경건해지는 것이다"라고 하셨다.
"이와 같을 뿐입니까?"라고 하자 "자기 자신을 닦아서 다른 사람을 편안하게 해주는 것이다"라고 하셨다.
다시 "이와 같을 뿐입니까?"라고 하자
"자기 자신을 닦아서 백성을 편안하게 해주는 것이다. 자기 자신을 닦아서 백성을 편안하게 해주는 것은 요임금과 순임금도 아마 힘들어했으리라!"

*《논어》중에서

Chapter

03

장사는 마음이다

난 감정노동자, 그게 재미있다

감정노동(Emotional Labor, 感情勞動).

자신의 감정을 억누르고 업무상 정해진 감정만을 표현하는 서비스업 종사자는 감정노동자다. 자신의 감정 상태는 상관없이 한결같이 친절해야 한다. 자신의 감정을 억누르고 가면을 쓰는 업무다.

'갑'은 자신들의 기분에 따라 컨디션에 따라 '을'에게 해코지를 하는 게 자연스럽다. 본인들이야 표현하면 그만이겠지만, 받아주는 입장인 '을'에게는 늘 긴장되고 경직되는 일이다. 그래서 감정노동자들이 안쓰럽게 느껴질 때도 있다.

나 역시 감정노동자다. 나도 항상 즐겁지는 않다. 아주 가끔이긴

하지만 우울할 때도 있고, 몸이 안 좋아 축 처질 때도 있다. 하지만 고객을 맞이하는 게 힘들거나 어렵지는 않다. 나의 카페에 고객이 오는 것 자체가 즐거운 일이기 때문이다. 그들이 밝은 얼굴로 들어올 때 진짜 감사하다. 나의 지쳤던 감정들까지 날아가 버리는 경우가 많다.

사실 마음가짐부터가 내가 사장이냐 고용인이냐에 따라 달라지긴 한다. 하지만 이걸 떠나서 매장에 자꾸 클레임이 걸리거나, 손님과 다투는 일이 많은 사람이 있다. 내가 어떤 마음으로 대하는지는 그들이 더 잘 알고 있기 때문이다.

그들에게는 공통점이 있다. 모두가 그런 것은 아니지만 그런 이들에게는 싸움을 유도하는 표정과 말투가 있다. 그래서 싸움이 쫓아다닌다. 어디서 만났든 누굴 만났든 싸움의 대상이 된다. 그들은 항상 싸울 준비를 하고 있다. 눈빛부터 아니꼽다. 자신은 그렇지 않은데 남들이 자꾸 그렇게 본다고 이야기한다.

"표정이 안 좋다고?"

미안하지만 진짜 표정이 안 좋다. 손님 탓만 할 게 아니다.

'우리 가게는 왜 자꾸 클레임이 걸리는가?'

'난 가만히 있는데 왜 손님들이 먼저 시비를 거는가?'

먼저 자신을 돌아봐야 한다.

'난 어떤 표정과 말투를 사용하고 있는가?'

'어떤 자세로 그들을 맞이했는가?'

물론 세상엔 정말 상식을 벗어나는 고객들이 넘쳐흐른다. 몰상식이 판치는 세상이다. 그런 이들을 대할 때마다 군자가 아닌 이상 항상 기쁨으로 맞이할 수는 없다. 하지만 내가 먼저 바뀔 수 있는 방법을 찾아봐야 한다.

나도 부끄러운 고백을 해야겠다. 배스킨라빈스를 운영할 때다. 매년 12월 23~25일(성탄절)은 1년 중에 제일 바쁜 날이다. 3일 매출이 몇 천 만 원을 훌쩍 넘는다. 평소 한 달 매출을 3일 만에 기록하는 날이니 얼마나 바쁠지는 상상이 갈 것이다. 밥 먹을 시간도 없으니 햄버거를 서서 입으로 먹는지 코로 먹는지 흡입하며 일을 한다. 아이스크림 케이크를 수백 개 팔아치우고, 아이스크림을 수십 통 푸다 보면 어느새 밤 12시가 지나 있다. 눈코 뜰 새 없이 바쁘다. 점주 입장에서는 이런 날이 계속 되었으면 하는 바람이 있지만, 막상 늘 그렇게 살라고 하면 그것도 힘들 것 같다.

1년 중 제일 힘든 날이 성탄절 시즌이다. 그런 날 나는 아르바이트생들의 눈치를 봐야 한다. 그들이 힘들어하고 고통스러워하면 어떻게든 달래서 같이 일을 해야 한다. 갑자기 누구 하나가 나가떨어져 집으로 가겠다고 할까봐 얼마나 노심초사인지 모른다. 시간당 급여를 조금 더 주지만, 그것으로 내 할 일을 다 한 것은 아니다.

사건이 있던 그날도 바쁜 날이었다. 성탄절 밤이었다. 10시가 넘자 손님이 거의 다 빠져 한숨 돌리며 슬슬 마무리 준비를 하고 있었다. 한 남성이 파인트 컵으로 포장을 해달라고 하면서 계산을 마쳤다. 원하시는 3가지 맛을 친절하게 담아 드렸다. 아르바이트 하는 친구가 좀 잘하는 편이었다. 자신은 잘하겠다고 매뉴얼대로 세 가지 맛을 세워서 통에 넣어드렸다. 보기도 좋고 맛있게 보이기 위해 매뉴얼대로 실행한 참 예쁜 행동이었다.

그런데 그분이 마음에 안 들었나보다. 대뜸 시비를 건다.

"그거 그렇게 담는 거 아니잖아요. 왜 세워서 담아요? 차곡차곡 쌓아서 담아줘야지 말이야."

세로로 담기
(메뉴얼)

가로로 담기
(고객이 원한 방식)

아르바이트 하는 친구가 당황한 얼굴로 나를 본다. 내가 나서야 할 차례다.

"고객님, 이 친구가 하는 게 파인트 담는 법 정석입니다. 매뉴얼대로 하는 거 맞아요. 그래도 불편하시면 원하시는 대로 담아드리겠습니다."

그러면서 아르바이트 친구에게 다시 담아드리라고 했다. 일단 마음이 상한 고객, 나, 아르바이트 친구가 더 이상 서로에게 친절할

리가 없었다.

"매뉴얼대로 해야죠. 뭐에요, 이게! 다른 곳은 다 차곡차곡 담아주는데 이거 하나 제대로 못하나? 참."

거기서 내가 참아야 하는데 영 참을 수가 없었다. 내 아르바이트생들이 잘못한 것도 아니고, 본인이 잘못 알고 있던 것을 괜히 짜증부리는 게 마음에 안 들었다. 나도 화가 나서 이렇게 대응했다.

"고객님, 원래 매뉴얼이 세로로 담는 겁니다. 다른 데가 잘못한 거예요. 이게 드시기 편하고 더 예쁜 겁니다. 고객님이 잘못 알고 계신 거예요."

'아차!' 싶었다.

그렇지만 버스는 지나간 일. 고객이 눈을 부릅뜨고 화를 내며 본사에다가 문의하겠단다. 나도 질 수 없어 그분 뒤통수에 대고 한마디 했다.

"네, 알아보세요. 이게 매뉴얼 맞습니다."

복창 터질 것 같았지만, 꾹 누르고 뒤통수에 대고 비아냥거렸다. 나름 선방했다고 생각했고, 강력한 펀치를 날렸다고 고소해했다. 하루가 지나 알았다. 나의 착각이었다.

씩씩거리며 돌아간 그 손님이 어떻게 행동했는지 아는가? 배스킨라빈스 본사에다가 전화해서 아주 강력하게 난리를 피웠다. 자신이 맞는 것을 확인하겠다며 그 늦은 밤에 다른 배스킨라빈스 매장을 찾아 가서 파인트를 또 하나 샀다. 그리고 어떻게 담아 주는지를 확인했다. 세로(아이스크림을 세워서)가 아닌 가로(차곡차곡 층계식으로)로 담아줬다면서 누가 맞는 것이냐고 배스킨라빈스 본사에 아주 강력한 클레임을 걸었다. 나의 사과를 꼭 직접 받아야겠다면서 말이다.

배스킨라빈스 본사에서 슈퍼바이저 대리가 왔다. 일이 커졌는데 무슨 일이냐며 묻는다. 자초지종을 설명하니 내가 잘못한 것은 없다며 자신이 사과하고 끝내겠다고 했다. 본사에서 몇 차례에 거쳐 전화를 하고 용서를 구했다는데도 끝까지 나의 사과를 받아야겠다고 고집을 부렸다. 나도 질세라 거기서 고집을 피웠다. 자신이 잘못 알고 있던 것을 바로 잡아줬는데 뭐가 그리 큰일인지 모르겠다며 나도 완강하게 버텼다. 점점 일이 커졌다.

이번엔 롯데마트 점장이 내려왔다. 마트 쪽에다가 클레임을 걸었다. 그런 사람이 어떻게 거기서 장사를 하느냐, 서비스 정신이 영 꽝이다. 그런 인간은 짤라야 한다는 둥, 아주 큰일로 만들었다. 제대로 사과하지 않을 경우 지점이 아닌 롯데마트 본사에 클레임을 걸겠다고 난리였다.

나한테 와서 설명을 듣고 마트 점장님이 눈 한번 딱 감고 사과해 주시면 안 되겠냐고 부탁했다. 잘못은 없지만, 고객님의 마음을 만져주면 좋겠다고 했다. 당당한 나는 세 번이나 거부했다. 나는 떳

떳했으니까. 그 후로 3일을 버티고 나서도 강력하게 요청을 하셔서 전화번호를 받아왔다. 큰맘 먹고 전화를 걸었는데, 1분 정도 사과하고는 정말 아무것도 아닌 것으로 끝이 났다. 그분도 흔쾌히 사과를 받아주었다. 3일에 거쳐 클레임을 건 분이 맞나 싶을 정도였다. 너무 싱거워서 허탈했다.

별일 아닌데, 이렇게 크게 확대되는 것을 보면서 쉽게 끝낼 일을 괜히 고집 부렸다는 사실을 깨닫게 되었다. 고객을 가르치려고 해봤자 먹히지가 않는다. 상황을 이해할 수 있는 관계라면 설명이 득이 되겠지만, 신뢰가 쌓이지 않았을 때 섣부르게 설명하면 상대방은 자신을 무시하는 것으로 오해할 수 있다. 그러한 신뢰가 있느냐 없느냐를 먼저 파악한 후에 대응해야 한다는 것을 지금은 안다.

수학의 개념을 모르는 사람에게 미적분에 대해 설명해봤자 내 머리만 아프다. 상황 파악 후 사과하고 넘겼어야 하는데, 괜한 고집으로 여러 사람을 피곤하게 만들었다. 내가 더 잘 아는 정답일지라도 그냥 한번 고개를 숙이면 된다.

부질없는 고집을 이제는 버렸다. 이런 경험들을 통해 내가 조금 성숙해졌다. 오해로 시작된 것을 지혜롭게 넘어가려면 가르치려 들기보다 상황을 이해하고 경청해 주는 것밖에 없다. 그 사건 후 장사에 대해 더 많이 생각하게 되었다.

사람들은 마음이 상한 상태에서는 어떤 말도 들으려 하지 않는다.

마음을 풀어주는 것이 먼저다.

그 일을 겪고 나서 얻은 것이 또 하나 있다. 우리 아르바이트생들에게 인정을 받았다. 자신들의 편이 되어줬다고 어찌나 고맙다고 하는지 괜히 어깨에 힘이 들어갔다. 내가 자신들을 지켜주는 사람임을 인정받았다. 내 식구 내가 감싸야 하는 것이라는 평소의 생각에 실천했을 뿐인데, 그게 고마웠단다. 덕분에 아르바이트하는 친구들에게 점수를 땄다. 힘은 들고 해결하는데 시간은 좀 걸렸지만, 그 시간을 통해 깨달은 바가 있다. 다행히 이젠 똑같은 실수를 하지 않는다.

그런 경험들이 토대가 되어 지금은 손님들을 언제나 즐겁고 반갑게 맞이할 수 있다. 설령 그들이 잘못 알고 있어도 지혜롭게 고쳐주는 방법을 선택하고 있다. 고난은 성장의 한 부분이라 느꼈다.

내가 책을 준비할 때 생각해둔 제목이 있었다.
《진상 고객 없는 카페 만들기》
우리 매장에 오시는 분들은 단 한 분도 그런 분들이 없으니 얼마나 감사한가. 많은 분들에게 장사가 얼마나 재미있고 행복한 것인지 알려주고 싶다. 한 분 한 분이 소중하다. 오시는 분들이 다 가족 같은 장사가 너무 좋다.

일요일이 끝나는 시점에 다른 모든 직장인들이 걱정하는 월요병이 나는 없다. 내일은 누가 올까? 어떤 이야기를 가지고 올까? 기대된다.

정주영 회장이 했다는 말이 생각난다. 새벽에 해가 빨리 안 떠 해가 빨리 뜨기를 바랬다는 그 마음을 아주 조금 알 것 같다. 아침이 기다려지는 삶, 그게 나의 삶이 될 줄 예전엔 정말 몰랐다. 이제는 알 것 같다. 만나고 싶고 이야기하고 싶고 대접하고 싶어 내일이 기대되는 삶이다. 신기하고 즐겁고 감사하다.

우리는 자신을 포함해서 자신과 연결되어 있는 사람들은 귀하게 여기지만, 다른 장소에서 손님이 되어 나 자신이 '갑'이라고 생각하는 순간 태도와 말투가 달라진다. 점점 사라지는 인간성을 아쉬워만할 게 아니다. 생각을 바꾸고 말과 행동을 바꾸어야 한다. 우리는 각자 소중한 존재임을 잊지 말아야 한다. 자신과 타인의 입장이 다른 것을 이용해 무시하는 것은 교만이고 독선이다.

가게를 운영하고 있는 입장이라면 내가 먼저 더 잘할 수 있는 방법을 찾아야 한다. 상대를 최선의 마음으로 섬기게 될 때 감정노동으로 지치는 것이 아니라, 기쁨이 넘치게 되는 것을 느끼게 될 것이다. 내가 장사를 하면서 느낀다. 고객들과 마음으로 연결되고 난 뒤에는 진상 고객은 만나보지 못했다. 내 매장에 오시는 게 기대되고 반가운 분들이 넘쳐난다. 작은 것이라도 나누고 싶어 손수 만든 음식을 싸가지고 오시고 뭐라도 나누고 싶어 하신다. 선물 받는 기쁨은 덤이다. 그분들이 주시는 핸드메이드로 정성 들여 만든 선물들이 마음을 더 행복하게 해준다. 이런 재미있는 감정노동자가 되어 보는 것을 여러분들에게 추천해 드리고 싶다.

바른 말은 늘 옳으나, 늘 효율적인 건 아니다. 꼿꼿한 정치인의 비극적인 종말을 보는 경우가 종종 있다. 상황에 따라 말의 순서에 조금 변화를 준다면 효율적으로 말을 할 수 있다. 옳은 말도 순서와 상황에 맞게 하는 노하우를 터득하길 바란다.

묵힌 말에는 힘이 있다. 오래된 고전을 읽게 되는 이유가 여기 있지 않을까? 우리가 하는 장사에도 말의 묵힘을 통해 좋은 해결방법을 찾을 수 있다.

초등학생이 준
초콜릿 바구니

진심으로 사람을 사랑하는 것은
그 사람의 외모나 조건 때문이 아니라, 그에게서
나와 똑같은 영혼을 알아보았기에 사랑하는 것이다.

– 톨스토이 –

아직도 기억이 생생하다. 노점을 하고 있을 때다. 자주 오는 초등학교 4학년 학생이 있었다. 손연재 같은 이미지에 작고 깜찍했다. 그 아이가 예쁘게 성장하기를 진심으로 바랐다. 거의 매일 와서 가족이야기와 그 외에 소소한 이야기까지 나누면서 가까워졌다. 할머니와 사는 친구였지만 귀여운 얼굴에 깔끔한 옷차림이라 엄마, 아빠의 부재는 전혀 느끼지 못했다. 하지만 마음을 터놓고 말할 부모님의 빈자리가 느껴졌다. 마음에 있는 이야기를 하나씩 꺼내기도 해서 티는 안 냈지만, 마음 아픈 적도 있다.

어린 친구가 와서 닭꼬치를 사 먹으면 고마웠고, 한편으론 미안했다. 초등학생의 용돈이라는 게 뻔하다는 생각에 두 번 오면 한 번은 그냥 주기도 했다. 이야기하다가 배고파하면 다른 것을 사주기도 했다. 무엇인가라도 해주고 싶은 그 마음이 진심이었다. 그게 마음을 연결하는 고리였나 보다.

발렌타인데이, 그 어린 친구가 초콜릿 바구니를 가져왔다.

"아저씨 받으세요. 제가 드리는 거예요."

수줍게 내민 작은 손으로 무거운 바구니를 받치고 있었다. 예쁘게 포장된 바구니를 받기가 영 미안했다. 과연 이것을 받아도 될지 고민됐다. 대형 과일바구니 크기였다. 거기에 온갖 초콜릿과 사탕이 자리를 차지하고, 바구니 중간에 예쁘게 포장된 슬리퍼가 있다. 아직도 눈에 선하다. 털로 만들어진 하얀 슬리퍼로 정말 따뜻해 보였다. 포장된 것이 아니라 따로따로 사서 포장을 한 느낌이었다. 정성이 깃들어 있는 그 선물을 선뜻 받기 어려운 것은 당연했다. 적은 용돈을 어렵게 모아 큰 금액을 들여 샀을 텐데 그 정성이 고마웠지만, 과한 선물에 마음이 편하지는 않았다. 어떤 마음으로 그 선물을 준비했을까? 포장하면서 어떤 생각이 들었을까? 마음이 따뜻해지고, 먹먹해졌다.

야외에서 노점을 하는 일 중 제일 힘든 것은 겨울을 보내는 것이다. 칼바람이 부는 날은 옷을 몇 겹이나 껴 입어도 귀가 얼고 발이 꽁꽁 얼 때가 많다. 발을 아무리 동동 굴러도 겨울의 추위를 오롯이 몸으로 맞서야 한다.

노점을 하기 전까지 내복 입는 것을 수치로 생각했던 나였다. 야외에서 장사를 해본 뒤로는 내복을 제2의 피부임을 홍보하며 자주 애용하고 있다. 점퍼를 껴입는 것으로 웬만한 추위는 막을 수 있었으나, 발은 속수무책이었다. 인천은 정말 춥다. 바닷바람 때문인지 서울보다 평균 2도 정도는 낮다.

아이의 눈에도 내가 추운 게 보였나 보다. 초콜릿 바구니에 곱게 담겨진 하얀색 털 슬리퍼는 감동이었다. 어린 친구가 추운 날 고생하는 것을 생각하며 준비해준 위로의 선물 때문에 눈물이 날 정도였다. 어린 아이의 순수한 마음에 상처 주지 않도록 해야 한다는 마음이 컸다. 예쁜 마음씨처럼 귀엽고 예쁜 그 아이의 인생이 앞으로 더 좋은 방향으로 흘렀으면 좋겠다. 시간이 많이 흐른 지금까지도 기억에 남는다.

가끔 생각난다. 지금은 소식이 끊긴지 오래됐지만, 아직도 그때의 순수한 아이를 만나보고 싶다. 그런 마음이 담긴 선물은 지금 카페를 하면서도 받고 있다. 핸드메이드 제품들로 마음을 담아 주시는 선물 덕분에 카페가 조금씩 아름다워지고 있다. 프랑스자수, 손뜨개 인형, 손뜨개 수세미, 장난감, 화분 등의 선물이 들어온다. 분에 넘치는 선물도 이제는 덥석 받고 있다. 사람이 점점 익숙해지는 것 같다. 뻔뻔해졌다.

어떤 분들은 먹을 것을 사서 주시고, 맛있는 음식 만들어 오실 때도 있다. 아이가 백일이 되었다고 떡을 들고 일부러 찾아와서 주고, 맛있는 음식 만들어봤다며 들고 오시기도 한다. 해외 다녀와서는 현지 과일을 주시기도 한다. 그들의 마음을 받을 때마다 감사가 끊이지 않는다.

나는 돈을 받고 커피를 파는데, 그분들은 마음을 담아 선물을 주신다. 내가 몸 둘 바를 모를 정도다. 정말 감사하다. 그 정성엔 못 미치지만 내 나름대로 인심 좋은 아저씨로 카페를 지키고 있다. 내가 드리는 것은 별로 없지만, 그분들을 향한 내 진심이 전달이 되었다는 생각이 든다. 많은 고객들의 "오랜 시간 여기를 떠나면 안 된다"는 말씀이 진심으로 느껴진다.

진심은 통한다. 진리가 되어 버린 말에 우리는 의심을 가지게 될 때가 많다. 진심은 얼마든지 왜곡될 수 있고, 지금은 그런 왜곡이 심심치 않게 일어나는 세상이라고 말이다. 그럼에도 불구하고 아직까지는 진심이 통한다고 생각한다. 만약 그렇지 않다면, 이제부터는 그런 시대를 만들어야 한다. 겸손하게 섬기는 자로서 자리를 지키는 게 내 임무라는 것을 느낀다. 인정이 점점 사라지는 시대에 하루하루 새로운 감사로 업데이트되는 내 인생은 행복하다.

장사를 하면서 고통스럽다는 사람들이 늘고, 매출이 바닥을 치면서 폐업하여 길바닥으로 나앉는 사례가 끊이지 않는 세상에서 사랑받는 카페 주인장으로 살아간다는 일이 얼마나 기쁘고 행복한지 모르겠다. 이러니 오시는 한 분 한 분께 최선을 다할 수밖에 없지 않을까? 오셔서 나누는 이야기들이 즐겁고 새로운 소식을 서로 전해주며 안부를 묻는 것이 행복하다. 행복을 전염시키는 시간들이 점점 늘어간다. 오늘도 행복 바이러스를 전파하게 되어 감사하다.

봉구스 버거의 오세린 사장의 이야기를 보자. 점심식사 시작이 되면 학생들은 밥버거 노점으로 달려왔다. 학교에 비상이 걸렸고, 노점 불법 영업으로 구청과 경찰에서 출동하여 장사를 접어야 했다. 떠나는 날, 학교의 한 교실 창문에 '가지 마, 봉구'라는 플랜카드가 걸렸다. "봉구 형, 지면 안 돼요! 돌아오세요!"라는 학생들의 문자가 1000개가 넘게 오자 그는 울컥했다고 한다.

그가 인터뷰에서 이렇게 말했다.

"장사를 하기 위해서는 사람을 알아야 합니다. 손님은 한눈에 사장이 친절한지 아닌지 알 수 있습니다. 그러므로 손님을 대할 때 친해지려는 노력을 해야지 장사 냄새나게 손님을 대해서는 안 됩니다. 장사는 손님만 물건을 사는 게 아니라, 사장 또한 사람을 사는 것입니다. '장사는 사람이다' 이게 제 모토입니다."

사람들은 진심을 느낀다. 마음이 통하면 그들은 나를 응원하게 되고, 그 응원은 나에게 세상을 이기는 원동력이자 성장할 수 있는 자양분이 된다. 세상이 흉흉해지긴 했지만, 아직도 따뜻한 이야기는 살아있다. 그 따뜻한 이야기를 만들어가는 방법이 '진심이 전부다' 라고 말하고 싶다.

그의 남편은 그 땅의 장로들과 함께 성문에 앉으며 사람들의 인정을 받으며

* 잠언 31장 23절

그 손의 열매가 그에게로 돌아갈 것이요,
그 행한 일로 말미암아 성문에서 칭찬을 받으리라.

* 잠언 31장 31절

매니저와 눈물 흘리는 이별,
불륜으로 오해

내 비밀은 바로 이거야. 정말 간단해. 마음으로 볼 때만 진정으로
볼 수 있어. 가장 중요한 것은 눈에 보이지 않거든.

– 생텍쥐페리 –

4년 전, 배스킨라빈스를 운영하면서 다음 사업을 준비하기 위해 커피를 배우고 있었다. 서울로 실습도 다니고 창업스쿨을 통해 배웠다. 한창 커피에 빠지기 시작할 무렵이었다. 여기저기 귀동냥에 커피가 맛있다는 곳이 있다고 하면 바로 찾아다니는 열정의 시간이었다. 서울에서 카페 투어를 하고 있는데 문자 메시지가 왔다.

"점장님! 드릴 말씀이 있는데 언제 오시나요?"

매니저 보라의 문자다. 내용이 심각하다.

사람 마음이 참 웃기다. 메시지로도 상대의 감정이 전달된다. 가슴이 덜컹 내려앉았다. 어떤 뉘앙스라는 것을 짐작해서다. 노래 가사

가 생각났다.

'왜 슬픈 예감은 틀린 적이 없나~'

직감이 순간적으로 오는데, 어찌 대처할 방법이 없다는 게 더 슬펐다. '올 것이 왔구나'를 수십 번 되뇌어도 진정되지 않는 그 마음, 참 갑갑하기만 했다.

서울에서 볼일을 마치고 매장으로 돌아왔다. 매장으로 가는 발걸음이 이렇게 천근만근일 줄은 정말 몰랐다. 다음 아르바이트생이 오는 것을 확인하고 매니저와 푸드코드 테이블에 마주 앉았다. 서로 눈조차 마주치지 못하는 애매한 상황이다. 누가 먼저 말을 꺼내기가 어려운 시간이다. 몇 분간의 침묵이 얼마나 길게 느껴졌는지 모른다.

내가 먼저 말을 꺼냈다.

"그래, 우리 보라가 나한테 할 말이 뭘까?"

애써 담담하게 물어본다고 하긴 했는데, 보라의 눈을 마주치기가 참 어렵다.

"점장님..."

그 뒤로 어렵게 이야기한 보라의 이야기는 이렇다.

"어머니께서 미용실을 운영하고 계신데, 직원들이 자꾸 그만두고 해서 믿고 맡길 사람을 찾기가 어려워요. 제가 관련 자격증을 따놓은 게 있고, 앞으로도 그 길을 가야겠단 마음을 가지고 있었어요.

그런데 이번에 어머니께서 도와달라는 요청을 하셔서 뿌리칠 수가 없네요. 배스킨라빈스는 그만두어야 할 거 같아요."

언젠가는 떠날 친구라는 것도 알고 있었지만, 마음의 준비가 되지 않은 상태였기 때문에 다른 대안이 없었다는 게 더 속상했다.

이야기를 다 듣고 진짜 할 말이 없었다. 어머니를 돕는 일에 내가 감히 떼를 쓴다고 한들 될 일도 아니고, 그것이 순리에 맞는 것이니 다른 제안을 할 수가 없었다. 잠시 침묵이 흐르는 나의 눈에 눈물이 고였다. 그리고 보라 손을 잡았다.

"보라야, 정말 마음 아픈 소식이다. 지난 3년 동안 정말 고마웠다. 매번 너를 믿고 일을 맡길 수 있었어. 덕분에 나가서 다른 일을 볼 수 있었던 게 나에겐 정말 큰 축복이었던 것 같아. 너한테 진심으로 잘해주지 못한 게 매번 마음에 걸리는데, 내가 갚을 시간도 없이 이렇게 그만두게 된다니 정말 마음 아프고 미안하구나. 너와 오래도록 같이 일하고 싶고, 다 맡아서 운영해 주었으면 했는데 너의 앞길을 막을까봐 안 되겠다."

그러면서 진짜 울었다.

"점장님, 울지 마세요. 제가 죄송하잖아요."

그러면서 보라도 운다.

"아니야. 내가 정말 미안해서 그래."

"아니에요. 잘해주셨어요."

두 손 마주 잡고 서로 눈물을 흘리는 점장과 매니저. 남들에게 어떻게 비쳐질지는 나중 생각이었다. 우리는 진심으로 눈물을 흘리며 마음을 나눴다. 잘해주지 못했던 미안함, 그동안 내 일처럼 너무 잘해준 것에 대한 고마움이 섞여 눈물을 주체할 수가 없었다. 평소에도 눈물이 많은 것을 알고는 있었지만, 그렇게 감정 조절이 안 될 줄은 몰랐다.

한참을 눈물 흘리고 나서 겨우 진정하고 그 자리를 마무리할 수 있었다. 그 일이 있은 후 한동안 마음이 진정이 안돼서 몇 주 힘이 들었던 기억이 있다. 아내의 위로로 겨우겨우 헤어 나올 수 있었다. 얼굴만 예쁜 게 아니라 마음도 예쁜 그 친구로 인해 참 감사한 일들이 많았다.

처음 배스킨라빈스를 오픈할 때 6명의 알바를 뽑았다. 남자 1명, 여자 5명을 뽑아 미리 교육하고 시간 배치와 동선을 잘 세팅해서 눈코 뜰 새 없이 바쁜 오픈날을 큰 탈 없이 마무리했다. 일주일이 지나면 보통 반 정도의 아이들이 그만둔다. 오픈일에 대한 안 좋은 기억과 예상했던 것보다 노동의 강도가 세기 때문이다.

그래서 평소 근무에 필요한 인원의 2배 정도를 뽑아 오픈을 하는 것이 배스킨라빈스 매뉴얼에 있다. 총 6명의 아르바이트생 중에 보라도 끼어 있었다. 1주일 근무하고 나니 3명이 그만둔단다. 그중에 보라도 있었다. 다른 친구들하고 하면 되니 별걱정 없이 보냈다.

그런데 다시 1주일이 지나고 마트로 찾아와 다시 컴백하면 안 되겠냐고 물었다. 흔쾌히 그러라고 했다. 그 후 3년간 별 탈 없이 2인 자로서 매니저로서 잘 이끌어줬다.

인복이 있어서인지, 그 뒤로도 좋은 친구들이 계속 들어왔고, 말썽 없이 재미있게 일을 했다. 다른 매장에 우리 아르바이트생을 빌려줄 정도로 일하는 친구 때문에 속 썩이는 일이 없었다. 외모 보고 뽑는다는 소문 때문일까? 비주얼이 뛰어난 아이들이 많았다. 떨어지는 점장의 비주얼을 아르바이트생이 올려주어 감사했다.

아르바이트하는 친구들과 2달에 한 번 정도 회식을 했다. 남자는 나 혼자이거나 다른 남자아르바이트 포함 2명을 넘지 않는다. 나머지는 다 여자 친구들이다. 대략 6명 정도 된다. 그때는 SM 이수만 회장도 부럽지 않다. 소녀시대 멤버들과 함께 하는 듯한 착각이 들 정도의 친구들과 회식을 하면, 다른 테이블 사람들의 부러움을 한 몸에 받는다. 내 직업이 뭔가 의심스러운 눈으로 보는 사람들이 있었다.

알바의 외모는 매출의 10%를 좌우한다는 속설을 나는 절실히 느꼈다. 웃기긴 한데 정말 그런 것 같다. 알바 전화번호 물으러 오는 남자들 때문에 장사하기 힘들긴 했지만, 괜히 내가 우쭐했을 정도였다. 그런 행복하고 즐거웠던 시간을 보내며 장사를 했다. 걸그룹 f(x)의 크리스탈과 닮은 보라의 폭탄과도 같은 선언이 얼마나 충격이었을지 생각해보라. 정말 어려운 시간이었고 나의 눈물은 진심이었다.

이런 일들을 겪으며 느낀 바가 있다. 상대에 대한 관심과 배려가 있으면 유대감이 생긴다. 내가 진심으로 아끼는 마음이 느껴졌는지 정말 좋은 친구들과 소중하고 재미있는 시간들을 보냈다.

사람을 이해하기 위한 노력의 결과가 그렇게 즐거운 시간들로 채워지고, 그 시간들이 쌓이다보니 매출이 상승하는 선순환이 이뤄지는 것을 눈으로 확인하게 되면서 그 확신이 더 커졌다.

직원들이 말썽을 부리고 사고를 치는 일들이 왜 없겠는가. 하지만 그 사고들을 어떻게 수습하고, 어떻게 이해하고 넘어가느냐에 따라 그들의 반응이 달라지고 관계가 깊어질 수도 있다. 사람에 대한 정확한 이해를 바탕으로 비즈니스를 하는 것이 참 중요하다. 우리가 하는 거의 모든 비즈니스는 사람들 간의 관계를 통해 발전하게 되는 것이다. 그 안에 진정한 사랑이 담겨 있을 때 성장할 수 있다는 점을 잊지 말아야 한다.

언젠가 내가 책을 쓰게 되면 아르바이트했던 친구들의 이름을 모두 거론하겠다고 다짐했다. 같이 했던 그 행복한 시간들을 기억할 때마다 미소가 저절로 지어진다. 참으로 감사하다.

여태껏 함께 지내왔던 아르바이트생 친구들을 한 번 불러보고 싶었다. 진영1, 은희, 보라, 상훈, 은조, 미연, 예지, 진영2, 초연, 형민, 상진, 소영, 동찬, 송이, 다영, 슬비, 단비, 다희, 미래, 지원, 유림, 명화, 아현, 주희, 규은, 태은, 가영, 나영, 정연, 형열, 윤서, 수경, 인나, 신아, 화영, 성용, 주형, 다정. 여기 혹시나 이름이 없는 친구들도 있다면 미안하다.

모두에게 마지막으로 한 번 고맙다는 이야기를 하고 싶었다. 어디서든 꼭 성공할 이름들이라 기억하고 싶었고, 그 성공을 축하해주고 싶다.

부족한데도 도와주고 관계를 맺게 된 것 너무 고맙다.

모두들 건강하게 각자의 위치에서 좋은 영향력을 미치는 사람이 되길 바란다.

"너희 덕분에 행복한 시간이었어. 고맙다."

아기 낳고 첫 나들이 카페로 왔어요

내가 남에게 베푼 공덕은 마음에 새겨 두지 말되
내가 남에게 잘못한 점은 마음에 새겨 두라.
남이 나에게 베푼 은혜는 잊지 말되, 남이 나에게 끼친 원망은 잊으라.

– 《채근담》 중에서 –

장사는 무엇인가, 장사를 어떻게 준비해야 하는가, 망하지 않으려면 이렇게 해라 등을 설명한 책들은 이미 서점과 도서관에 많이 있다. 그 책들은 장사의 스킬에 대해 많은 지면을 할애해 설명한다. 내용이 조금씩 다르긴 하지만, 어찌 됐든 실패할 확률을 줄이고, 성공을 기원하는 책일 것이다. 책에 담겨 있는 내용이 틀리지 않다. 그 안에 있는 모든 말이 다 맞다.

그중 실천해서 큰 부를 이룬 사람들도 많다. 성공 사례를 만들어 가는 사람들이 많아지길 바란다. 나도 그런 책을 통해 장사를 배웠다. 큰 깨달음과 가르침을 얻었다. 내 것으로 만들기 위해 피나는 노력도 했다. 멘토에게 노하우를 전수받은 정도는 아니었지만, 책을 통해 '장사란 이런 것이구나'를 느꼈다.

몸으로 부딪혀 배운 것이 제일 많지만, 짧은 순간 배움의 질을 따진다면 단연 책을 통한 공부였다. 그 기회를 통해 성장하고 성숙했다.

성공 여부를 판단하는 것처럼 어려운 일도 없다. 돈을 제일로 치기 때문에 그 부분이 제일 관심이 가는 것도 어쩔 수 없는 일이다. 허나 그것만이 전부인 양 치부하는 것처럼 보기 껄끄러운 것도 없다.

'돈이 전부다'라고 외치는 세상에 그것이 진리가 아니라고 말하기 부담스럽지만, 진리가 아닌 것은 진리가 아니라고 당당하게 말하겠다.

사람을 향해 열려 있는 장사꾼이 되어야 한다. 인생은 물질의 성공으로만 평가되는 것이 아니다. 시대가 바뀌어 평가의 요소가 점점 다양해진다는 것도 감사하다.

오랜만에 카페에 온 아기 엄마가 있다. 한동안 뜸했다. 둘째를 낳고 몸조리하다가 첫 나들이 삼아 커피를 마시러 왔다고 했다.

"정말 오고 싶었어요. 커피 생각이 간절했어요."

수연 엄마다. 너무 감사했다. 작고 귀여운 둘째 아이의 모습이 감동을 더한다. 커피를 주문할 때 얼굴이 환하게 밝아진다. 간만에 느끼는 감동이 얼굴에 표현된다. 그 모습을 보는 내가 더 감사했다.

아이와의 첫 나들이로 선택된 카페라니 감동이다. 주신 감동으로 커피값은 벌써 치뤘다. 어찌 그분께 커피값을 받을 수 있을까? 소소한 대접이라 생각하고 달달한 카페 모카를 서비스라고 한껏 자랑하면서 선물로 드렸다. 감사하단 말로 화답했다. 아이 낳고 첫 나들이 장소로 선택되었다는 기쁨. 기껏 커피 한잔의 서비스로는 그 마음의 정성에 미치지도 못하겠지만, 내 나름대로 선물을 드리는 방법이다. 커피를 전해줄 때 정말이지 행복했다.

그동안 카페를 못 온 이유를 변호하듯이 설명했다. 예정일보다 2주 정도 일찍 아이가 나오는 바람에 제대로 된 인사도 못하고 먼저 애 낳으러 갔다는 말씀이다. 그동안 카페에 놀러 오고 싶었지만, 아이 때문에 어쩔 수 없었다는 말을 듣는 내내 내가 더 미안했다. 그 따뜻한 마음이 감사하다.

출산 후 첫 나들이에 친한 분들이 하나둘 오셨다. 축하해, 고생 많았어, 건강하게 출산해서 다행이야, 그들은 서로 안부를 묻고 함께 기뻐해 주었다. 뿌듯한 마음에 요즘 눈물이 많아졌는데, 주책없이 울 뻔했다.

함께 온 수빈이 엄마도 똑같은 감동을 주신 분이다. 오늘 온 수연 엄마보다 두 달 먼저 아이를 낳고 몸조리했다. 조리원에서 몸조리가 끝나고 집으로 가는 날 카페로 오셨다.

"정말 오고 싶었어요. 커피 냄새가 그리웠어요."

그 말에 진심을 느꼈다. 그들이 나에게 큰 선물을 준 것도 아니고 나 또한 그들에게 다른 선물로 마음을 표현한 것은 아니다. 오가는 말이 감동이다. 몸조리를 마치고 카페에 오는 그 마음이 나를 기쁘게 하고 감동을 안겨준다. 이런 것이 관계에서 제일 큰 선물이다. 고객 한 분 한 분이 오실 때 진심으로 반가워하는 내 마음이 통한 것 같다. 작은 감동이 모여 서로 감동을 주고받는다 생각하니 카페를 운영하고 있는 것 자체가 너무 뿌듯하고 행복하다.

행복은 멀리 있지 않다. 사람을 향한 감사가 끊이지 않으면 행복해질 수 있다. 다른 사람들과 달리 나는 감동의 기준이 높지 않다. 작은 일에도 감동받는 그런 유형의 사람이다. 여성스럽다고 할 수도 있다. 부정하고 싶지 않다. 남자가 나이 들수록 여성 호르몬이 많이 배출된다니 그로 인해 여성화되는 건 당연한 것 같다. 그게 자연의 순리이고 인생의 과정이 아닐까? 그렇게 편하게 생각하고 나니 받아들이기 어렵지 않다.

사소한 것에 관심을 주자. 남편이 아내에게 감동을 주지 못하는 이유가 무엇인지 아는가? 엄청난 무언가를 준비해야 한다는 부담감 때문이다. 이벤트를 할 때 다른 사람들도 입이 딱 벌어질 수 있는 무엇인가를 준비하거나, 큰돈을 들여 번쩍이는 보석이나 명품 정도는 사줘야 여자 친구나 아내가 감동을 받을 것이라는 편견을 가지고 있다. 이 때문에 스트레스를 받기도 한다.

장사를 10년 정도 하면서 수많은 고객을 만났다. 특히 많은 여성 고객을 만났다. 지금 운영하고 있는 카페는 90%가 주부고 여성이다. 그들이 공통적으로 하는 말이 있다.

작은 것, 소소한 것이 오히려 더 큰 감동을 준다. 많은 남성들에게 그 사실을 아무리 알려줘도 소용없다. 그들은 남자답게 뭔가 빅 이벤트를 해야만 자신의 자존감에 상처를 입지 않을 것이라는 생각으로 똘똘 뭉쳐 있다. 그들에게 더 이상의 조언은 필요 없다. 그렇게 큰 것만 생각하고 뭔가 특이한 것만 찾다가 감동은커녕 제대로 된 이벤트조차 하지 못한다. 차일피일 미루다 허망하게 끝나는 사례도 부지기수로 많다. 나 또한 그런 인생을 살아왔다. 실수가 많았다.

작은 관심과 표현이 감동의 시작이다. 가게에 찾아온 손님들과 소소한 이야기를 시작으로 자신이 어떤 사람이고, 어떤 인생을 살아왔는지 서로 편안한 마음으로 나누다보면 격의 없이 안부를 물을 수 있는 관계가 된다. 처음부터 단골이 되어 인생을 논할 정도로 깊어지는 경우는 극히 드물다.

날씨이야기를 하다가, 아이들이야기를 하다가, 남편이나 아내 흉보는 것 들어주다가 보면 어느새 다음 이야기로 연결된다. 함께 이야기를 나누다보면 앞으로 어떻게 살고 싶어 하는가를 조금 알게 된다.

내가 작은 카페를 운영하고 있는 곳은 인천에서 약간 구석진 곳이다. 동네 어르신들이 서로의 안부를 물으며 아파트 벤치에서 담소를 나누는 모습을 자주 본다. 드라마 〈응답하라. 1988〉에 나오는 장면처럼 평상에 둘러앉아 가족끼리도 허물없이 지내는 것과 비슷한 느낌을 준다. 손주들 보시는 어머님들과 어린이집에 아이를 보내는 젊은 엄마들이 삼삼오오 모여 이야기를 나누고 서로 챙겨주는 정말 정 많은 동네다. 나는 이곳에서 동네 사랑방을 운영하고 있다.

이런 소소한 기쁨들로 하루가 행복하고 풍성해졌다. 이런 감격을 오래도록 누릴 수 있도록 여기서 장사를 길게 하고 싶다. 돈도 더 많이 벌어 나누기도 해야겠다. 카페에 오는 분들께 더 주고 싶다. 진심을 담은 마음을 통해 서로 발전이 되었으면 하는 생각에 오늘도 행복하다.

장사는 서로에게 마음을 주는 것

시간이 지날수록 더 명확해진다. 결론은 항상 같다. 그 마음들이 연결되고 발전하고 아껴주는 것이 진정한 장사를 하는 자세다.

범저가 말했다.

"몸과 이름이 모두 온전한 것이 가장 훌륭하며, 이름은 남 모범이 될 만하지만 몸을 보존하지 못한 것은 그 다음이며, 이름은 욕되어도 몸만은 온전한 것이 가장 아래입니다."

*《사기》 채택열전 중에서

범저는 진나라 소양왕(昭陽王)에게 등용되어 '원교근공정책'이라는 진나라의 국가 전략과 외교정책을 수립한 인물이다. 후에 진나라의 황제가 된 진시황은 이 전략을 충실하게 수행하여 중국을 통일하게 된다.

Chapter

04
장사는 인문학이다

01
장사에도
인문학이 필요하다

얼 쇼리스는 캐나다에서 클레멘트 코스를 진행하면서 지혜뿐만
아니라 아가페, 곧 사랑이 인문학에서 얼마나 중요한지 깨닫게 된다.
사람을 빚어내고 만드는데 사랑도 중요함을 인식한 것이다.

– 강영안(서강대학교 철학과 교수),《인문학은 자유다》 추천글 중에서 –

얼 쇼리스(Earl Shorris, 1936~2012)는 미국의 언론인, 사회비평
가이자 빈익빈 부익부의 악순환을 끊기 위해서는 가난한 사람들에
게 인문학을 가르쳐야 한다고 주장했던 '인문학 전도사'이다.

장사를 하는데 왜 인문학이 필요할까? 장사는 사람이 하는 것이니
까. 장사를 하면서 늘 배운다. 내가 먼저 베푸는 만큼 고객들이 나
에게 베풀어준다. 나의 친절, 섬김, 배려를 진심으로 느낄 때 그들
은 나의 마음을 받아주고 알아준다. 그리고 받았다고 생각한 만큼
돌아오기도 한다. 돌아올 때는 항상 내 생각 이상의 것으로 주신다.
받는 내가 염치없을 만큼.

어느 여름이었다. 고객이 들어오기 바쁘게 커피를 주문했다. 아메리카노 4잔을 주문하고 계산까지 했다. 그 후 3팀이 한꺼번에 오셔서 추가 주문이 들어왔다. 총 15잔의 다른 종류의 커피를 한꺼번에 만들어야 해서 정신이 없었다. 빠르게 받아서 나가려는 분의 것을 먼저 드리고자 땀을 뻘뻘 흘리며 최선을 다해 만들어 드렸다.

멋지게 만들어 캐리어에 드렸더니 말씀하신다.

"저 따뜻한 음료시켰는데요?"

당황하면 안 된다. 얼굴이 굳어졌지만, 표정을 들키면 안 된다. 마음을 가다듬고 상냥하게 대답했다.

"죄송합니다. 다시 만들어 드릴게요."

'오 마이 갓!'

식은 땀 줄줄 흘리며 만들어낸 음료가 아이스였는데, 4잔이 따뜻한 것이라니. 어쩔 수 없이 다시 만들었다. 진정이 안 됐지만, 서비스로 아이스도 2잔 드렸다. 버릴 수도 없고 다 내가 마실 수도 없어 그렇게 드린 것이다. 마음이 편치는 않았다. 내 잘못인데 누구를 탓하겠는가.

그 일이 있은 후 일주일이 지났다. 그때 서비스를 제공받은 고객님이 나에게 샌드위치를 가져다 주셨다. 저번에 감사했다고 하면서 내미는 선물에 마음 불편해했던 내가 미안했다. 얼굴이 빨개졌다. 실수를 수습할 때 조심해야 한다. 표정에 드러나면 끝이다. 그런 분들을 제대로 공략해야 단골이 되고 앞으로 VIP가 된다. 단골이 되면 친한 분들과 함께 와서 소문을 내주고 매장을 성장하게 도와준다. 매일매일 찾아오고 선물도 주고 격려나 위로의 말씀을 전해주며 지지해준다. 가족이 되는 것이다.

그런 인격적인 관계가 담보되어야 한다. 그런 사람만이 진정 '행복한 장사'를 하는 사람이 될 수 있다. 우리는 그런 인생을 꿈꿔야 한다. 돈으로만 고객을 파악하는 속물근성은 배제해 두어야 한다.

많은 사람들이 '고객은 왕'이라고 말한다. 나는 그 정의를 바꾸고 싶다.

고객은 귀신이다.

그 정도로 우리를 잘 안다. 내가 초짜인지 고수인지, 진짜인지 가짜인지, 진심인지 거짓인지는 그들이 먼저 안다. 아무리 속인다 한들 그들은 내 머리 위에 있다. 부족하면 부족한대로 최선을 다하는 모습을 보이고, 제대로 섬기는 모습만 보이면 된다. 아무리 포장하려 해봤자 소용없다. 그들이 더 잘 안다. 진정성으로 승부를 봐야 한다. 꾸밀 수가 없다. 속이려 하지 말고 확실하게 오픈하고 가야 한다.

"저 초짜예요. 그러나 확실히 말할 수 있는 것은 여러분들이 오시는 게 너무 행복하고 기쁩니다. 최선을 다해 섬기려 노력하고 있어요. 아직까지 부족하지만, 앞으로 더 잘할 수 있습니다. 믿고 와주세요. 진심으로 섬기겠습니다. 지켜봐 주세요."

고객은 이것을 알고 있다. 내가 하는 하나하나의 말과 행동이 거름종이에 걸러져 고객의 마음으로 들어간다. 내가 행하는 그 작은 모습들이 고객에게 감동으로 연결된다.

장사는 사람이 사람에게 하는 것이다. 그런 점에서 장사는 인문학이다. 사람을 통한 이해와 배려의 시작이 인문학의 시작이니까. 인(仁)의 정의는 사랑이고, 성경을 두 글자로 압축하면 '사랑'만 남게 된다. 수많은 고전과 인문학의 정의를 찾아보더라도 그 안에 사람에 대한 배려와 존중, 사랑을 빼버린다면 인문학은 존재할 수 없다.

사람을 향한 도덕과 정의를 실현하는 것은 정치만이 아니다. 장사에도 도가 있고, 정의가 있고, 사랑이 있다. 사람을 향한 마음으로 그들의 필요를 채워주는 것이야말로 진정한 상도에 입문하는 것이다. 장사와 인문학의 경계를 둘 수 없는 이유이기도 하다.

그들은 사람을 향해 외친다. 필요한 것을 주겠다고 말이다. 우리의 마음이 바로 서 있으면, 고객님들이 알아서 내 진심을 소문내 준다. 나를 알려주고 나를 행복하게 해준다. 이 말을 믿고 실천할 때 장사를 통해 물질적인 충족 또한 얻게 된다.

선후가 바뀌면 안 된다. 먼저 마음을 바로 세우는 것이 중요하다.

돈은 나중이다. 나 또한 돈이 부족해 안달할 때가 한두 번이 아니었다. 그런데 그런 마음을 먹는 즉시 장사 매출은 하락한다는 것을 깨달았다. 내가 안달한다고 될 일이 아니다. 내가 기를 쓰고 몸으로 부딪혀봐야 소용없다. 오는 고객이 결정하는 것이다.

장사로 성공한 분들을 보면 공통점이 있다. 그들은 감사할 줄 알고, 자신의 부족한 부분을 숨기지 않는다. 오는 분들 때문에 이렇게 되었다고 담담하게 말씀하신다. 그들은 가식으로 겸손한게 아니다. 진심으로 그렇게 생각하고 있다. 오는 분들 덕에 이렇게 성공했으니 그들을 더 잘 섬기겠다는 그 말에 철학이 담겨 있다.

장사에 인문학이 필요하다. 인문학을 통해 길을 찾아야 한다. 인문학의 중심에는 사람이 있다. 인문학은 배움이고, 교육이고, 사랑이고, 관계다. 내가 살고 있는 세상에 사람이 모든 것의 시작임을 깨달아야 한다. 인의 중요성을 설파했던 공자도 그 안에 사람을 향한 사랑을 이야기하는 것으로 결론을 내린다. 이해하면 통하고, 사랑하고, 배려하고, 지지하게 된다. 사랑하는 마음을 가지고 세상을 바라볼 때 관계는 더 깊어지고 신뢰는 점점 쌓여가는 것이다.

이 깨우침을 장사에 접목시켜 더 풍성한 삶으로 우리 사회를 발전시켜야 한다. 진정성이 담겨 있는 가게를 만나면 사람들은 마음을 열고 들어온다. 기껏 좋은 것을 제공하고도 욕먹는 사람들을 볼 때 안타까울 때가 한두 번이 아니다.

"노숙자들을 인문학 교육으로 사회의 주축으로 일으켜 세워야 한다. 클레멘트 코스를 만들어야 한다"고 말한 희망의 인문학 전도사 얼 쇼리스의 삶에서 배울 점이 있다. 장사에 인문학을 전하고자 하는 우리에게도 얼 쇼리스가 느꼈던 희망이 전해진다.

> 인을 구성하는 여러 덕목 중에서 핵심은 사랑이다. 사랑이 부모에게 미치면 효(孝)가 되고, 형제에게 미치면 우(友)가 되며, 남의 부모에게 미치면 제(悌)가 되고, 나라에 미치면 충(忠)이 된다.
>
> *공자의 중심 사상 '인(仁)'에 대하여, 《네이버 지식백과》 중에서

02
고전에는 사람살이의
모든 것이 있다

중국의 역사와 지금의 중국을 이해할 때《사기》를 빼고는 논할 수가 없다. 저자인 사마천은 절대 권력 앞에서 바른 소리(친구를 향한 변호)를 한 죄로 궁형(남성의 생식기를 제거하는 형벌)을 받는다. 죽음보다 더한 치욕을 견뎌내며, 그 비극을 아버지의 유언인 역사서《사기》로 승화시킨다. 고통을 저술로 승화시킨 사마천이다.

《사기》를 통해 그는 의지의 산물이 되었다. 차원이 다른 문체와 서술은 시대를 뛰어넘는 중국 최고의 역사서를 만들어냈다. 소설과 견주어도 손색없는 그 내용과 깊이에 놀란다. 방대한 자료를 모으고 직접 기행하고 연구해 완성했다. 책에 그의 인품이 고스란히 표현되어 있다.

사마천은 〈화식열전(貨殖列傳)〉에서 다음과 같이 설파한다.

잘살려고 하는 것은 배우지 않아도 깨우치게 되는 인간의 타고난 본성이다. 병사들이 앞다투어 성(城)을 공격하거나 적진으로 뛰어들어 적장의 목을 베고 군기(軍旗)를 뺏으면서 날아드는 화살과 불덩이를 용감히 뚫는 이유는 푸짐한 상금을 받기 위해서다. 동네 건달들이 행인을 습격하여 암매장을 서슴지 않고 백성을 협박하여 온갖 악행을 저지르며, 남의 묘지를 파헤치고 위조지폐를 찍어내거나 불법으로 남의 재산을 가로채는가 하면, 의리랍시고 친구를 위해 복수하고 으슥한 곳에서 남의 재물을 빼앗고 법을 무시하면서 불나방처럼 죽음을 불사하는 것도 실은 알고 보면 모두가 재물을 얻기 위해서다. 조(趙)나라와 정(鄭)나라 아가씨들이 분 바르고 치장한 채 가야금을 뜯으며 나풀거리는 소매 자락에다 맵시 있는 신을 신고 천 리를 멀다 않고 달려가 늙은이, 젊은이를 가리지 않고 유혹하는 이유도 따지고 보면 한결같이 돈을 벌기 위해서다. …의사나 기술자들이 전력을 다해 복무하는 것도 보수를 톡톡히 받기 위해서다. 관리들이 법조문을 농락하고 문서와 도장을 위조하면서 목 잘릴 위험을 망각하는 것도 사실 뇌물에 혹했기 때문이다. 농사 짓고 장사하고 상품을 만들고 목축을 하는 것도 당연히 돈을 벌기 위해서다. 그러므로 재물이란 것은 능력만 있으면 하염

없이 긁어모으려는 게 인간의 본성이지, 돈을 벌 수 있는데도 손

털고 남에게 순순히 양보하는 예는 결코 없다.

— 〈네이버 지식백과〉 참고 및 정리

또 사마천은 경제력이 인간의 지위를 결정한다며 이렇게 말한다.

"일반 백성들 사이에서도 열 배 잘사는 사람을 대하면 비굴해지고, 백 배 잘사는 사람을 만나면 경외감이 들고, 천 배면 밑으로 들어가 일을 하고, 만 배면 그의 하인이 되는 것은 자연의 이치가 아니겠는가."

돈에 대한 인간의 본성을 적나라하게 짚어낸 사마천의 통찰력에 놀라지 않을 수 없다. 세월이 흐른 지금 너무나 정확하게 우리의 시대상을 꼬집은 그 이야기에 고개가 끄덕여진다. 돈을 좋아하는 것은 인간의 본성이다. 그 본성은 변하지 않는다. 시대를 뛰어넘는 고전에서 우리는 인생 생사화복의 모든 것을 배운다.

장사도 재물을 얻기 위한 것이다. 돈을 벌기 위한 하나의 수단이기도 하다. 시대가 흘러 세월이 변했다 해도 그 본질이 바뀌지는 않는다. 재물을 취하기 위해 수고를 하고, 재물의 많고 적음으로 계급을 나눈다. 그 재물이 우리에게 동기부여를 해주는 것이다. 세상에 조금이라도 높은 곳에 서기 위해 자신을 희생하며 살아간다.

우리가 더 넓은 세계를 꿈꾸고 나아가고자 노력하는 것처럼, 앞선

세상에도 꿈꾸고 노력했던 사람들이 존재했다. 하늘 아래 완전히 새로운 것은 없다. 장사도 마찬가지다. 하이테크로 무장해 신세계를 만든다고 하지만, 파고들어가 보면 이미 존재하는 무엇과 연결되어 있다. 창조라고 포장하지만, 또 다른 조합에 불과하다.

장사도 세상에 역사를 장식하는 한 줄기다. 모두가 아등바등 살아가는 세상에서 결국 부자를 꿈꾸는 사람들의 아귀다툼일지도 모르겠다. 그렇다면 오직 돈벌이를 위해서 장사해야 하는 것인가. 여기에 대한 답을 고전에서 찾아보자.

> 작은 일에도 무시하지 않고 최선을 다해야 한다.
> 작은 일에도 최선을 다하면 정성스럽게 된다.
> 정성스럽게 되면 겉으로 드러나고,
> 겉으로 드러나면 이내 밝아진다.
> 밝아지면 남을 감동시키고,
> 남을 감동시키면 변하게 되고,
> 변하면 생육된다.
> 그러니 오직 세상에서 지극히 정성을 다하는 사람만이
> 나와 세상을 변하게 할 수 있는 것이다.
>
> – 《중용》 23장 중에서

현빈 주연의 영화 〈역린〉에 나오는 대사다. 《중용》의 참의미를 깨닫길 원했던 정조다. 그는 '변화의 시작이 작은 일도 최선을 다해 정성스럽게 하는 것'에서 온다고 믿었다. 그 작은 일이 나와 세상을 바꿀 수 있는 밑거름이 된다는 이야기다. 그 독백의 대사를 기억하는 사람이라면 한번은 검색해봤으리라. 그 글귀가 강렬하여 영화가 가고 《중용》 23장만 남는 부작용이 있기도 하다.

고전의 교훈이 현 시대를 관통한다는 것이 놀라울 따름이다. 시대를 뛰어넘는 고언에는 진리가 담겨 있다. 오랜 세월 묵혀 농익은 그 말에 헤아릴 수 없는 참 깊이를 느낀다. 지극히 작은 일에 충성한 사람이 세상을 변하게 할 수 있다. 모든 시작은 작은 것부터다. 지구 한쪽에서 나비가 하는 날갯짓이 지구 반대편에서는 허리케인이 된다는 '나비효과'를 굳이 꺼내 말하지 않더라도 작은 일의 실천은 중요하다.

조선시대에는 '사농공상'이라 해서 장사하는 사람들을 무시하고 제일 낮은 계급으로 취급했다. 시대가 변했다고 하지만, 아직까지도 장사하는 사람들을 보는 눈이 곱지만은 않다. 서비스를 업으로 삼고 살다보면 감정노동을 하게 되므로 스트레스에 시달리고 갑질에 마음의 상처로 힘들 때도 있다. 하지만 우리가 작은 일에 정성을 다하는 마음은 끝내 세상을 변하게 할 동력이 될 것이다. 준비되지 않은 상태에서 급하게 시작하는 오류를 범하지 않길 바란다. 작은 일도 무시하지 않고 최선을 다하는 사람만이 장사의 참된 의미를 깨닫고 섬김의 자세를 가질 수 있다.

우리에겐 이미 세상을 바꾸는 열쇠가 있다. 그 키는 바로 사람이다. 고전을 통해 사람을 이해하는 과정이 필요하다. 내가 세상을 변화시킬 수 있는 사람이다. 내가 바뀌면 가족이 바뀌고 사회가 바뀌고 나라가 바뀌고 세상이 바뀐다. 우리는 그런 존재다. 내가 그 모든 것을 이룰 수 있는 시발점이 될 수 있다. 내가 그런 일을 하겠다고 다짐했다면 어떤 어려움이 있어도 끝내 이겨내는 인생을 살아가길 바란다. 그런 자세로 사람을 섬길 때 세상은 바뀐다.

내가 지극히 정성을 쏟아 살고 있는데, 감동하지 않는다면 사람이 아니다. 걱정 마라. 누구나 알고 있다. 내 정성을, 내 최선을 말이다. 고전을 통해 진리를 깨닫고, 사람 공부를 해야 한다. 어떤 길이 진리에 근접한 것인지 궁금하다면 고전에서 답을 찾았으면 한다. 시대를 뛰어넘는 최고의 조언들이 쏟아져 나에게로 들어올 것이다.

오기는 《오자(吳子)》라는 병법서를 남긴 유명한 사람이다. 《손자병법》에 버금가는 병법서로 일컫는 오자병법의 주인공이다. 그는 위나라의 비교적 부유한 가정에서 자랐지만, 노나라의 문후가 어질고 슬기로워 사리에 밝다는 이야기를 듣고 그를 찾아가 섬겼다. 오기와 관련된 일화에서 유래된 연저지인(吮疽之仁)이라는 사자성어가 있다. 병사의 종기를 직접 빨아주는 어진 마음을 일컫는 말이다. 그 유래는 이렇다.

오기는 장군이 된 뒤에도 늘 솔선수범했다. 그는 가장 서열이 낮은 병사들과 같은 옷을 입고 먹었다. 잘 때도 바닥에 자리를 깔지 않았다. 행군할 때도 수레나 말을 타지 않았고, 자신이 먹을 식량도 손수 가지고 다녔다. 오기는 부하들을 믿고 사랑했으며 그들과 생사고락을 같이 했다.

언젠가 어떤 병사가 몸에 심한 종기가 났는데 오기가 입으로 직접 그 종기의 고름을 빨아 낫게 해줬다. 이 소식을 접한 병사의 어머니가 소리 높여 슬피 울었다. 이를 이상히 여긴 사람이 말했다.

"그대 아들은 보잘것없는 한낱 병사인데, 오기 장군이 몸소 그 독한 종기를 입으로 빨아 줬습니다. 그런데 어찌하여 그리 소리 높여 슬피 우십니까?"

병사의 어머니가 말했다.

"예전에 그 아이의 아버지가 독한 종기에 걸려 고생했습니다. 그런데 오기 장군이 그 독한 종기의 고름을 손수 빨아준 적이 있었습니다.

그 아이의 아버지가 감동하여 전쟁터에서 물러나지 않고 용감히 싸우다 전사하였습니다. 오기 장군이 이번에 또다시 아들의 심한 종기 고름을 빨아주었습니다. 그래서 이 어미는 제 자식이 열심히 싸우다 어디서 어떻게 죽을지 모르게 되었습니다. 그래서 소리 높여 슬피 우는 것입니다."

이 일화는 병사들에 대한 오기의 사랑이 한순간이 아니라 일관된 것임을 잘 보여준다. 때문에 그는 병사들에게 전폭적인 지지와 깊은 사랑을 받았고, 자신이 원하는 바를 이룰 수 있었다.

병사에 대한 사랑이 순간적인 것이 아닌 마음속 깊은 곳에서 우러나온 행동임을 알게 된 병사들은 자신의 목숨을 다해 장군을 섬길 수밖에 없었을 것이다. 그의 진심 어린 행동은 병사들의 마음을 감동시켰고, 자신의 목숨도 아깝지 않게 만들었다.

오기 장군의 사람을 향한 진심의 행동이 그런 충성을 낳았다. 사람을 향한 진심은 장사를 할 때도 반드시 필요하다. 장사도 사람을 남기는 것이기 때문이다.

용병에는 방법이, 치국에는 대책이 필요하다.

* 오기

03
장사로
사람을 배우다

노점할 때의 일이다. 3월이었다. 낮에 심한 돌풍과 함께 비가 왔다. 바람 때문에 포장마차 지붕이 날아가기 직전이었다. 혼자 끙끙대며 기둥을 부여잡고 있었다. 판매는 둘째 치고 내 영업장소가 날아가게 생겼다. 많이 당황했고, 이를 악물고 붙들었다. 바람은 점점 세지고 지붕에 붙여 놓은 비닐이 날아갔다. 비닐까지 챙길 여력이 없었다.

한참을 가까스로 버티고 있는데, 누가 와서 기둥을 잡아준다. 정신 차리고 보니 노점 첫 아르바이트생 진영이다. 버스 타고 가다가 나를 보고 내려서 달려왔다고 한다. 참으로 감사하다. 그 마음도 그렇지만, 행동으로 옮기며 옆에서 붙들어준 것에 진심으로 감사했다.

못 본 체해도 그만이고, 버스에 타고 있었으니 응원 문자 한 번 보내줄 수도 있는데 달려오는 마음이 참 예쁘다. 지금은 아이의 엄마가 된 진영이를 보면 항상 그 생각이 난다. 노점에 웬 알바? 바빠서 고용했었다.

사람을 대하는데 정답은 없다. 정답에 조금이라도 가까이 가는 방법은 오직 '소통'이다. 소통은 서로 다름을 인정하고 받아들일 준비가 되는 것에서 시작된다.

TV에서 방영 중인 〈명견만리〉라는 프로그램을 동영상으로 찾아보게 되었다. 같은 이름의 책이 나온 기억도 있고 해서 어떤 내용일까 궁금했다. 동영상 중에 유독 나의 눈길을 사로잡는 제목이 있었다.

"영철버거 안 망했어요!"

예전부터 관심 있던 영철버거다. 그의 성공스토리는 TV, 신문, 방송, 인터넷 등을 통해 수도 없이 접한 기억이 있다. 요즘 그 소식을 알 수가 없던 차에 반가운 마음으로 선택했다. 내가 어려운 시절에 힘이 되주었던 희망 스토리다.

그간 근황이 궁금했던 영철버거 이영철 대표의 강연이었다. 하얀 유니폼을 입고 강연자 자리에 선 그에게서 사람 좋은 웃음이 지어진다. 왜소해 보이는 모습에 그동안 이겨낸 육체적, 정신적 고통이 전해졌다. 어려운 시간을 잘 이겨냈고 지금의 자리에 서게 된 것이 감사하다는 말로 시작한다.

자신의 과거를 차근차근 더듬어 보며 이야기하는 모습에 그동안의 고생이 헛된 것은 아니었다는 생각이 들었다. 달변가는 아니었지만, 이영철 사장의 이야기 속에는 인생의 깊이가 느껴졌다. 고난을 어떻게 이겨내는지를 보면 그 사람의 내공을 가늠할 수 있다.

초등학교 4학년 중퇴가 학력의 전부이고, 서울로 올라와서 안 해본 일이 없었다. 공사장 인부로 살면서 너무 열심히 한 탓에 척추측만증까지 얻게 되었다. 더 이상 노동판에서 일할 수 없어 전 재산인 2만 2000원을 투자해 노점을 시작했다. 그게 30년 전이다. 내가 그 길을 경험해서인지 공감이 많이 갔다. 그의 이야기를 다 들으려면 2시간이 부족할 것 같다. 그간의 감회가 오죽하겠는가. 마음이 전해진다.

노점을 잘 운영한 덕분에 32살이 되던 해에 고려대 후문에 떳떳하게 가게를 얻고 영철버거를 시작했다고 한다. 고대생들에게 가방끈이 짧은 자신이 인생의 모델이 될 수 있도록 장학금도 수여하고, 인생의 선배로써 삶을 잘살기 위해 노력했다.

명문대생을 우러러 보면서 그곳에서 일하는 것이 즐거웠다고 한다. 훌륭한 인물들이 될 그들에게 부끄러운 인생을 살지 않기 위해 하루 4시간 이상 자지 않으면서 최선을 다해 살았다. 아프거나 힘들어도 내색하지 않고 정말 즐겁게 일을 했던 기억을 더듬는 그의 표정에 미소가 지어진다.

성실하게 일한 덕분에 가게는 번창해 급기야는 프랜차이즈로 사업을 확장할 수 있었다. 전국 80개의 가맹점까지 확장하게 되었지만 고급화 전략은 실패하고 말았다. 2015년 6월 30일, 15년간의 영화를 마감한 시간들이 주마등처럼 흘러갔다고 한다. 절망이란 단어가 머릿속에서 떠나지 않았다. 그간의 영화에 미련을 못 버린 사람이라면 극단적인 생각으로 좌절의 늪에서 빠져나오지 못했을 것이다.

그는 당시 사업이 망한 것과 부의 패착보다 인생의 후배들에게 면목 없는 자신의 모습이 비참하고 싫었다고 한다. 그 모습을 보여주기 싫어 오래도록 잠수를 탔다. 꽁꽁 숨어 지내야 하는 그 마음의 상처가 어땠을까? 나의 마음도 착잡해진다. 인생을 포기하고 싶던 차에 한 학생에게 문자가 왔다.

"영철버거를 돕고 싶습니다."

자신의 딸보다 어린 친구의 진심 어린 문자에 수도 없이 고민했다. 오랜 고심 끝에 도와달라는 문자로 답한다. 절망의 순간 희망이 싹트고 있었음을 깨달았다. 그동안 살아온 인생이 헛된 삶이 아니었다. 마음에 용기를 내고 힘을 낼 수 있었다.

"영철버거 다시 오픈해주세요."

수많은 사람들의 응원 메시지가 귓가에 맴돌았다. 클라우드 펀딩으로 사람들이 조금씩 모금을 해주었다.

고려대 정경대 학생회의 주도로 기부하는 '비긴어게인 영철버거' 크라우드 펀딩 시작. 한 달 동안 참여 인원 2,879명 총 7,093만 원 모금액 달성

절망의 순간 희망을 선물해 준 친구는 이영철 대표에게는 천사와 같았다.

"사람답게 사는 게 진정한 성공의 자세가 아닌가 생각합니다."

이영철 대표의 마지막 인사에 가슴 깊은 곳에서 뜨거운 것이 올라왔다. 앞으로는 어린 스승들에게 부끄럽지 않은 삶을 살기 위해 최선을 다하겠다고 다짐한다. 깊이 머리 숙여 하는 인사가 어려웠던 삶을 보상해줄 것이다. 그는 제대로 일어설 것이다.

돈은 잃었지만, 그동안 잘 살아왔다는 생각에 위로가 되었다고 한다. 그 학생의 결심은 거짓일 수가 없다. 진심이며 결단의 마음이 절절히 전해진다. 이런 가슴 따뜻한 이야기가 오래된 책이나 다른 나라에서 만들어진 게 아닌 것이 감사하다. 우리나라에 지금 일어나고 있는 일인 것도 너무 감사하다.

이 이야기를 들으며 더 확신했다. '장사의 기본은 사람을 남기는 것'이라고 당당하게 전할 수 있다. 영철버거가 부를 쌓고 세상이 부러워하는 성공스토리를 쓰지는 못했다. 하지만 이영철 대표의 인생은 성공했다. 과거 그의 선행과 마음을 다한 섬김의 자세가 이렇게

큰 감사의 부메랑이 되어 돌아오는 것을 눈으로 확인하면서 내 눈시울까지 붉어졌다.

영철버거 대표를 꼭 돕고 싶어 하는 손길들이 십시일반 모여 새로운 시작을 할 수 있도록 길을 만들어준 사례를 보면서 그 안에 진정한 사랑과 배려가 있음을 보았다. 인생의 후배들에게 면목이 없어서 잠수를 탄 아저씨나 그 아저씨를 찾아 어떻게든 돕고 싶다고 말하는 학생들의 마음이 절절하게 이해된다. 그들은 영철버거의 성공을 진심으로 바라고 있었다. 이영철 대표도 그들에게 떳떳한 모습을 보이기 위해 더 매진해서 최선의 인생을 살 것이라는 확신이 생긴다. 그의 이야기를 짧게 옮겼지만, 그 이야기 속에 담긴 내용은 길고 긴 장편소설이다.

오직 돈만을 목적으로 장사하는 사람이나 사기꾼들에겐 이런 기회가 주어지지 않는다. 그런 사람이 어려움에 빠졌을 때 돕고 싶은 마음이 절대 생기지 않는다.

사람 냄새가 나는 그의 이야기를 보는 내내 흐뭇했다. 영철버거를 돕고자 했던 가장 먼저 손을 내민 친구는 군인인데 휴가를 받아 영철 사장의 강연을 듣고자 자리에 함께했다. 서로 배려하는 모습을 보면서 놀랐다.

사람을 남기는 장사

우리가 평생의 목표로 삼고, 정진해야 하는 삶의 목적이 되어야 한다.

아무리 바빠도 고객과 눈맞춤을 하는 것이 그분을 특별하게 생각하는 마음을 표현하는 방법이다. 그 눈맞춤이 그분을 기억할 수 있는 좋은 시작이 될 것이다. 그 시작은 또 다른 가족을 만들어준다. 장사는 사람이 사람에게 하는 것이다.

가장 훌륭한 것은 물처럼 되는 것입니다.
물은 온갖 것을 위해 섬길 뿐, 그것들과 겨루는 일이 없고,
모두가 싫어하는 (낮은) 곳을 향하여 흐를 뿐입니다.
그러기에 물은 도에 가장 가까운 것입니다.

낮은 곳을 찾아가 사는 자세
심연을 닮은 마음
사람됨을 갖춘 사귐
믿음직한 말
정의로운 다스림
힘을 다한 섬김
때를 가린 움직임

겨루는 일이 없으니 나무람 받을 일도 없습니다.

*노자, 《도덕경》 중에서

04

장사도
통찰력이 있어야 한다

중국에서 한 택시기사의 'MBA급 강의'가 화제가 된 적이 있다. 상하이에서 일반 택시회사 기사로 7년째 일하는 짱친은 어느 날 한 손님을 태웠다. 상하이의 마이크로소프트 기술센터 책임자인 류룬이었다.

그가 목적지를 말하기도 전에 짱친은 그의 행선지가 먼 곳임을 알아맞혀 류룬을 놀라게 했다. 류룬은 공항으로 가는 동안 택시기사의 '돈 버는 비결'을 전해들을 수 있었다. 짱친은 대뜸 류룬에게 물었다.

"병원 앞에서 약봉지를 든 사람과 세숫대야를 들고 있는 사람이 있다면 누구를 태우는 편이 수지가 맞겠습니까?"

류룬은 머리를 굴려보았지만 아리송했다. 답은 '세숫대야를 든 사람'이었다. 병원에서 약을 받아 들고 나오는 사람은 대게 병이 깊지 않은 사람이며 먼 곳을 갈 사람인지 아닌지 확실치 않지만, 세숫대야를 든 사람은 퇴원하는 사람으로 새로운 생명을 얻었다는 기쁨에 차 있고 건강의 소중함을 새삼 깨닫게 된 사람이라는 것이다. 그런 사람이라면 돈을 아끼려고 택시를 타고 가다가 버스로 갈아타지는 않을 것이라는 이야기였다.

짱친은 또 다른 이야기도 들려주었다. 그는 오후 1시, 상하이 시내 한가운데서 택시를 기다리는 세 손님의 예를 들었다. 작은 가방을 들고 있는 젊은 여자, 시내관광을 하고 있는 젊은 커플, 두꺼운 외투를 걸치고 노트북 가방을 든 사람. 짱친은 망설이지 않고 세 번째 손님 앞에 택시를 세운다고 했다. 작은 가방을 든 여자는 물건을 사러 나왔을 것이 뻔하므로 먼 곳으로 갈 리가 없고, 관광하고 있는 커플도 가까운 곳에 갈 확률이 높다. 반면 두꺼운 옷에 노트북 가방을 들었다면 목적지가 가깝지 않으리라는 예측이 가능하다는 것이다. 그의 생각은 적중했다. 손님은 상하이에서 3시간 이상 걸리는 바오산으로 가는 중이었다고 한다.

짱친의 한 달 평균 수입은 1만 6,000위안(약 320만 원)이다. 각종 경비를 제하고 나면 8,000위안이 수중에 들어온다. 중국 근로자의 평균 임금이 2,000~3,000위안인 점을 감안하면 굉장한 수준이다.

류룬은 짱친에게서 들은 내용을 '택시기사의 MBA급 강의'라는 제목으로 인터넷에 올렸고, 짱친은 금세 유명인사가 되었다. 통찰력 있는 사람은 부와 성공을 거머쥔다. 그는 택시기사로 시간을 허투루 보내지 않았다. 사람을 향한 관심을 가지고 상황을 미루어 목적지를 짐작할 수 있는 안목을 키워나갔다. 그 안목을 기반으로 사람을 읽을 수 있는 기술을 얻었다.

장사에도 통찰력이 필요하다. 사람을 대하는 장사에 통찰력은 필수로 가지고 있어야 한다. 미루어 알 수 있는 것, 그게 핵심이다.

카페에서 커피를 마시던 손님이 갑자기 일어나 눈살을 찌푸리며 나를 본다면?

커피를 쏟았을 확률이 90%이다. 묻지 않고 행주나 휴지를 가져다 드리면 된다. 깨끗이 치우고 웃으며 이렇게 이야기하면 인기 있는 카페 아저씨가 된다.

"다시 갖다 드릴게요."

디저트를 주문한 테이블에서 '쨍' 하고 소리가 나면?

두말 않고 포크를 다시 가져다 드리면 된다. 물어볼 필요도 없고 상황을 확인할 필요도 없다. 딱 그거다.

아기띠를 하고 있는 엄마가 목을 길게 빼고 무엇을 찾는다면?

아기 의자를 찾고 있는 것이다. 에어컨 밑에 있는 아기 의자를 가져다주면 거의 맞다. 묻지 않아도 알 수 있다.

아이 두 명을 데리고 온 엄마가 음료를 하나만 시켰다면?

두 개로 나눠 달라는 무언의 압박이다.

"두 개로 나누어 드릴게요!"

친절하게 말하면 센스 있는 주인장 소리를 듣는다.

배스킨라빈스를 운영할 때도 마찬가지였다. 콘으로 주문한 아이스크림을 건네고 3초 있다가 엄마가 아이에게 소리를 치는 상황이 연출되면 다시 아이스크림을 퍼주었다. 아이스크림 컵과 달리 콘은 아이들이 잘 떨어뜨린다. 물어볼 필요도 없다. 소리 나는 즉시 아이스크림을 다시 퍼서 친절하게 드리면 상황은 종료되고 엄마는 단골이 된다.

관심을 가지고 지켜보면 답이 보인다. 그것은 나만의 데이터가 되고, 재산이 되어 그 상황을 어떻게 처리해야 할지 쉽게 판단이 서게 도와준다. 이것이 재미있는 장사다. 그들이 도움을 요청하기 전 먼저 달려가 해결해 주는 것이 핵심이다. 그들이 부를 때까지 기다릴 필요가 없다. 알면 바로 하면 된다.

본질을 꿰뚫어보는 안목인 통찰력은 관심과 경험과 감각이 있어야 생긴다. 이면에 깊이 감추어진 본질을 이해한다는 것은 그만큼 잘 알고 있다는 증거다. 미래학자 최윤식 박사도 통찰력은 훈련을 통해 기를 수 있는 감각이라고 말한다.

우리는 그 통찰력을 배우기 위해 공부한다. 학교에서 배우고 사교육으로 배우고 유학 가서 배우고 늙어서도 배운다. 그렇게 지식 쌓기에 몰두한다. 그게 통찰력의 전부인양 말이다. 하지만 단순히 지식을 많이 가지고 있다고 되는 것은 아니다. 각 지식들이 연결되고 확장되어야 통찰력으로 발전한다.

통찰력이 필요한 시대다. 공식에 대입하면 쉽게 해결되는 일차원적인 문제는 사회에 존재하지 않는다. 수많은 방정식이 꼬여있고, 사람들이 연결되어 있으며, 입장이 다르다. 타이밍에 따라 같은 문제도 해결 방법이 달라질 수 있다.

상황을 종합하여 미루어 짐작할 수 있는 힘, 그 현상이 나타나게 된 원인을 밝혀내는 힘, 가보지 않아도 알 수 있는 힘, 다 듣지 않아도 유추해낼 수 있는 힘, 영화를 다 보지 않아도 어떤 식으로 흘러가게 되리라는 것을 예측하게 하는 힘, 이 모든 것이 통찰력이다.

어느 판사의 이야기다. 한 노인이 빵을 훔쳐 먹다가 붙잡혀 재판을 받게 되었다. 판사가 법정에서 노인을 향해 거침없이 말했다.

"늙어가지고 염치없이 빵이나 훔쳐 먹고 싶습니까?"

노인이 눈물을 글썽이며 대답했다.

"사흘을 굶었습니다. 그러다보니 그때부터 아무것도 안 보였습니다."

"빵을 훔친 절도행위에 대한 벌금은 10달러입니다."

판사는 판결을 내린 뒤 방망이를 '탕탕탕' 쳤다.

방청석에서는 노인의 사정이 딱해 판사가 용서해줄 줄 알았는데 해도 너무 한다고 여기저기서 웅성거리기 시작했다. 그런데 이게 웬일인가! 판사가 판결을 내리고 나더니 자기 지갑에서 10달러를 꺼내는 것이 아닌가. 그리고는 다음과 같이 말했다.

"이 벌금은 제가 내겠습니다. 벌금을 내는 이유는 그동안 좋은 음식을 많이 먹은 죄에 대한 벌금입니다. 저는 그동안 좋은 음식을 너무나 많이 먹었습니다. 오늘 이 노인 앞에서 참회하고 그 벌금을 대신 내겠습니다."

이어서 판사는 방청석을 향해 말했다.

"이 노인은 이곳 재판장을 나가면 또 빵을 훔치게 되어 있습니다. 그러니 여러분들도 그동안 좋은 음식을 먹은 대가를 이 모자에 조금씩이라도 기부해 주십시오."

그 자리에 모인 방청객들은 자리에서 일어나 십시일반 호주머니를 털어 모금했는데, 그 모금액이 무려 47달러나 되었다. 이 재판으로 그 판사는 유명해져서 나중에 워싱턴 시장까지 역임하게 되었는데, 바로 리야 판사다.

사람에 대한 이해와 관심이 낳은 아름다운 이야기다. 판사로서 그 사건 자체를 단순 절도 사건으로 보지 않고 이후의 삶을 바라봤다. 이 사람이 왜 그런 삶을 살 수밖에 없었는지 근본을 헤아리는 것이 통찰력이다. 그 통찰력으로 노인을 돕고 싶은 마음이 생긴 것이다. 상대의 마음을 헤아리고 입장을 이해할 수 있을 때 큰 사랑의 덮개로 상대를 감싸줄 수 있다. 리야 판사는 왜 그런 범죄를 저지를 수밖에 없는지에 초점을 맞추었고, 그 노인은 다시 같은 범죄를 저지르지 않게 되었다고 한다. 작은 배려와 이해가 결국 큰일을 해낸다. 통찰력을 갖고 싶다면 사람에게 더 깊은 관심을 두기 바란다. 장사엔 통찰력이 필요하다.

《지낭》은 명나라 말기의 문장가 풍몽룡이 편찬한 책으로, 옛사람들의 지혜와 슬기가 담긴 1000여 편의 이야기가 들어가 있다. 그중 하나를 소개한다.

유정(維亭)의 장소사(張小舍)는 도둑을 알아보는 재주를 가지고 있었다. 거리를 걸어가다가 말쑥하게 차려입은 남자가 길에서 마주친 나무꾼이 짊어지고 있던 섶나무 단에서 풀 몇 가닥을 뽑아 비벼 꼰 뒤 변소로 들어가는 것을 보았다. 장소사는 그 남자가 나올 때까지 기다렸다가 등 뒤에서 소리를 질렀다. 사내는 깜짝 놀라며 두려워했다. 그 남자를 붙잡고 심문해보니 도둑이었다.

또 한 번은 어느 무더운 여름날, 장소사가 절에 놀러 갔다. 사내 서넛이 자리를 펴놓고 코를 골며 정신없이 자고 있는 것을 보았다. 사내들 곁에는 쪼개만 놓고 아직 먹지 않은 수박이 있었다. 장소사는 이들을 가리켜 도둑이라고 했다. 그들을 잡아다 심문을 해보니 장소사의 말대로 도둑이었다.

어떤 사람이 하도 신기해 그들이 도둑인지 어떻게 알았느냐고 묻자 장소사가 대답했다.

"용변을 보고 마른풀로 뒤처리를 하는 것은 무뢰배나 소인들이 하는 행동인데, 그는 말쑥한 의관 차림이기에 분명 도둑질한 것이라 여겼습니다. 절에서 무리 지어 낮잠을 자는 것은 밤에 활동해서 낮에 피곤하기 때문이고, 수

박을 쪼개놓고 먹지 않은 것은 파리를 쫓아내기 위해서입니다."

당시 도적들 사이에서는 "하늘도 땅도 두렵지 않다. 오직 유정의 장소사가 두려울 따름이다"라는 말이 나돌았다.

작은 행동을 보고 미루어 짐작해 볼 수 있는 능력이 통찰력이다. 누구나 그런 지혜를 가지고 싶어 하지만, 쉽게 얻을 수 있는 능력은 아니다. 갖기 어렵기 때문에 더 가지고 싶은 것일지도 모르겠다.

장소사는 행동만 보고도 상대를 판단할 수 있었다. 주의 깊게 관찰하고 자신의 능력을 계발시켜 나간 결과다. 장사에 관한 통찰력도 장소사처럼 상대에 대한 관심을 가지고 시간을 두고 지켜보면 생길 수 있는 능력이다. 관심과 관찰을 통해 인생을 더 풍성하게 만들어가는 것이 필요하다.

장사의
다독, 다작, 다상량

많이 읽고(다독), 많이 쓰고(다작), 많이 생각하면
(다상량) 누구나 글을 잘 쓸 수 있다.

– 구양수 –

나는 책을 좋아한다. 책을 읽다 보니 더 많이 읽게 되었다. 책을 자주 구입하게 되고, 욕심이 난다. 나는 그것을 '거룩한 욕심'이라 부른다. 내가 출세하고 싶어 읽는 그런 독서 말고, 책 자체를 진심으로 좋아하면 그렇게 되는 것 같다. 수많은 선비들이 가난에도 불구하고 책을 손에 얻었을 때, 세상을 다 얻은 것처럼 기뻐했다는 이야기를 나도 이제 눈곱만큼은 알 것 같다.

'다독'은 책을 많이 읽는 것이다.
책 읽는 것을 좋아하는 사람들은 다독을 한다. 깊이 있는 책 몇

권으로 발전하는 경우도 있지만, 대부분 많은 책을 읽으며 발전한다. 다양한 분야를 넘나드는 경우도 있다. 아주 자연스러운 단계다. 그래서 지식의 확장이 일어난다. 책이 책을 부르는 선순환의 시작이다.

'다작'은 많이 쓰는 것이다.

책을 읽다보면 내용을 정리하고 싶은 마음이 드는데, 이것이 쌓이다 보면 자신의 이야기를 쓰고 싶은 생각이 자연스럽게 든다. 이것은 지극히 평범한 순서다. 먼저 읽고, 다음에 쓰는 것이다.

'다상량'은 많이 생각하는 것이다.

책을 읽는 것에서 멈추면 안 된다. 책에서 말하는 내용을 묵상하고 사색을 즐겨야 한다. '저자는 그런 이야기를 왜 했을까?', '어떻게 내 삶에 적용할 수 있을까?'등을 수도 없이 질문하고 생각해야 한다. 묵혀야 맛이 더해지는 묵은지처럼 생각의 묵힘을 통해 새로운 동력을 얻을 수 있다. 깊이 생각하지 않고 단순히 지식을 쌓기 위한 방법으로만 책을 접하고 끝내는 것처럼 무지한 것은 없다. 책을 읽어 완전히 내 것으로 만드는 작업이 다상량이다.

이렇게 다독, 다작, 다상량을 통해 독서의 고수가 되고, 책을 사랑하는 마음이 자라서 멋진 인생으로 거듭나며, 글까지 쓰는 사람으로 발전하는 것이다.

이게 글쓰기의 공식이고 자연스러운 발전 단계다.

공자, 손자, 맹자, 정약용, 이이, 이황, 세종, 정도전, 정조, 이순신 등 역사적 인물들의 공통점도 이것이다. 그들은 많이 읽고, 많이 쓰고, 많이 생각했다. 3가지가 따로 떨어질 수 없다. 3가지를 꾸준히 연마하고 노력해서 발전했다. 그로 인해 세상을 바꾸는 놀라운 인생이 된 것이다.

이번에는 '다독, 다작, 다상량'을 장사에 접목해보자.

'다독'은 무엇일까?

일단 많이 배우는 것을 말한다. 이론이든 실무든 간에 많이 듣고 배워 내 것으로 만들어야 한다. 예전처럼 무작정 시작하고 보자는 마인드는 절대 통하지 않는다. 배우지 않고 시작하면 백번해도 백번 다 망한다. 장사는 쉬운 게 아니다.

요즘엔 인터넷과 책을 통해서 장사를 배울 수 있다. 배울수록 파고들수록 실패할 확률이 줄어든다. 사람들이 무엇을 원하고 있고, 앞으로 어떤 트렌드가 만들어질 것인지 유심히 살펴야 한다. 장사는 공식에 대입하면 답이 명확하게 나오는 수학문제가 아니다.

자신의 능력을 과신하는 사람은 공부를 하지 않는다. 자신만만하게 시작하다 처참한 결과를 얻게 된다. 장사란 무엇인지, 그것을 내가 잘할 수 있는지 등을 배우는데 게을리해서는 안 된다. 인생이 계획대로 모두 되는 것은 아니지만, 노력한 만큼 대비책을 세울 수는 있다. 그 시작이 공부다.

국가에서 주관하는 창업 관련 소상공인 지원(교육 등)이 많이 있다. 그런 기회를 통해 발전의 디딤돌로 사용해야 한다. 내 인생을 걸고 더불어 성장해야 할 일에 게으름은 최대의 적임을 알고 공부에 매진해야 한다. 이것이 장사의 다독이다.

'다작'은 무엇일까?

이론을 배우고 난 뒤에는 실무를 배워야 한다. 이론만 많이 알고 있다고 세상의 모든 현상을 다 안다고 말할 수 없다. 이론과 실무의 괴리가 있다는 것을 깨닫기 위해서는 실무에 시간을 투자해야 한다.

맨땅에 헤딩하듯 유명 업종을 찾아 가서 떼를 쓰든, 지인 찬스를 쓰든 내가 발로 뛰어야 한다. 배운 것을 활용해 볼 곳을 찾아 연습하고 준비하자. 실무를 무시하고 이론으로만 배운 사람은 반드시 실패한다. 실무가 가미되지 않는 배움은 한쪽으로 치우칠 수밖에 없고, 실무에서 익힐 수 있는 감각은 따로 있다. 몸으로 체득한 것은 오래도록 남는다.

카페를 할 경우 어떻게 커피를 내리고 음료를 만들 수 있는지 배워야 한다. 보는 것과 하는 것은 천지차이다. 달랑 자격증 하나 있다고 다 배웠다고 하는 것처럼 무지한 것은 없다.

그래서 내가 카페를 오픈할 수 있도록 도와주신 분들에게 매번 감사하다. 아무것도 모르는 나에게 배움의 기회를 주었다. 로블랜드 장명철 사장님은 아내가 어린이집을 운영할 때 같이 일했던 선생님의 남편이다. 장명철 사장님의 소개로 알게 된 정우진 사장님, 강현수 사장님 또한 내가 두고두고 감사할 분들이다. 그 인연으로 맛있는 커피의 모든 노하우를 알려주고, 부족한 나에게 아낌없이 조언해주셨다. 이렇게 실무를 겸할 수 있는 길을 열어주신 분들께 감사하다. 자격증을 따고 약간의 실무를 익혔다고 해서 이제 더 이상 배울 것이 없다는 착각도 버려야 한다. 눈 감고도 할 수 있을 정도로 몸에 익혀야 자신의 것이 된다. 수영장에서 배운 수영과 바닷가에서 배운 수영은 질 자체가 완전히 다르다. 생존 수영이라고도 칭하는 바다 수영처럼 '생존 실무'라는 것을 익혀야 한다. 이것이 장사의 다작이다.

'다상량'은 무엇일까?

생각하고 사색하는 것이다. 실무 경험을 발전시켜야 한다.

'어떻게 고객을 잘 섬길 수 있을까?'

'내가 잘하는 것은 무엇일까?'

'고객들이 더 원하는 것은 없을까?'

'또 다른 방법으로 만족을 주는 방법은 없을까?'

답을 찾아야 한다. 다른 가게와 차별화되려면 고민하는 것이 당연하다. 나만의 장점을 찾아내어 다르게 접근하는 것도 중요하다. 고민하면 할수록 그 방법들이 새로워진다. 장사가 쉬운 것이라고 말하는 사람들이 요즘엔 줄었다. 매스컴에서 많은 실패 사례가 쏟아져 장사가 어렵다는 인식을 하고 있어 그나마 다행이다. 고객의 머릿속에 각인되어 다시 가게를 찾아오게 하기 위해 우리는 생각하고 또 생각해야 한다.

'어떻게 하면 좋아할까?'

내가 불편한 만큼 고객은 편해진다. 그리고 고민이 더해질수록 고객은 단골이 될 확률이 높아진다.

장사에 글 쓰는 법을 접목한다는 것이 조금은 어색해 보일지도 모르겠다. 하지만 분명 그 두 분야에는 교집합이 있다.

1. 결국 사람이 하는 것이다.

2. 사람을 이해하는 만큼 성공할 수 있다.

세상은 공평하다. 간혹 불공평한 일들이 일어나 속을 뒤집어 놓을 때가 있지만, 그것까지도 극복해내야 한다. 나까지 불공평한 인생을 살면 안 된다. '다독, 다작, 다상량'은 글쓰기뿐만 아니라 인생

전반에 거쳐 넓게 활용할 수 있다. 이 3가지로 삶에 필요한 것을 채워갔으면 좋겠다.

군주 가운데 누가 왕도를 품었느냐? 장수 가운데 누가 재능이 있느냐? 나는 이로써 누가 승리할 것인지 안다.

* 손자

깨닫고 행동하는 만큼 성공과 실패가 나뉜다. 우리는 그 지혜를 깨닫기 위해 배움에 힘써야 한다. 읽고, 쓰고, 생각하는 만큼 성공은 가까이 온다.

Chapter

05
실패하지 않는 장사비결 6가지

01
오후 5시에는
실내 놀이터입니다

박찬일 요리연구가의 저서 《백년식당》에는 마라톤이라고 하는 부산 맛집이 소개되어 있다. 지금은 가게 한쪽에 전시하듯 붙어 있는 '마락돈(馬樂豚)'이라는 가게 옛 간판은 손님이 가져다 붙였던 것이라고 한다. 마락돈은 마라톤의 한자어를 음차한 것이다. 주인과 손님의 관계가 수직이 아닌 수평적인 모습이라 참 아름답다. 장사하는 사람들이 기억해야 할 내용이다.

고객의 자발적인 애정을 끌어내는 것, 이것이 장사를 롱런하게 만든다. 고객이 스스로 도움을 주고 싶어 하는 가게, 내가 꿈꾸는 가게다. 그런 가게는 망할 걱정을 하지 않아도 된다. 오는 분들이 자신의 집으로 생각하고 애정을 가지고 있기 때문에 기회가 생길 때마다 꼭 들르고 싶어 한다.

한적한 동네의 카페를 찾는 손님은 시간대별로 다르다. 아이들을 다 키운 분들은 시간에 그리 구애받지 않지만, 초등학생 자녀를 둔 어머니부터 그 밑으로는 아이들의 시간표대로 움직이게 되기 때문이다.

오전 시간, 카페의 주 고객층은 미취학 아동을 둔 엄마들이다. 오전에는 유치원이나 어린이집을 보낸 엄마들이 제일 먼저 자리를 잡는다. 출근길에 들르는 손님들도 있지만 전체 비율로 따지면 30% 안쪽이다. 대부분 매장에 들어오셔서 담소를 나누며 커피를 음미한다.

그 다음 초등학생 자녀를 둔 엄마들이 오전에 자리를 채운다. 교육 정보와 소소한 일상이야기가 끊이지 않는다. 멤버가 고정적이기는 하지만, 모임의 성격에 따라 약간씩 멤버가 바뀌기도 한다.

정신없이 오전이 지나 점심 즈음이 되면 시간적 여유가 있거나 따로 볼일이 있는 분, 아이가 어린이집이나 유치원에 적응하고 있는 엄마들의 모임이 시작된다. 아이를 챙기러 가기 전에 잠시 여유를 부려 보는 것이다.

점심 이후로는 개인적 만남 또는 평소에 만나지 못했던 친구들과의 만남이 이루어진다. 오랜만에 만나는 경우가 대부분이다. 매장이 작아 한계가 있어 큰 모임은 가질 수 없지만, 학교 학부모 모임도 꽤 있다. 모임이 끝나면 아이들이 오는 시간에 맞춰 한두 분씩 자리를 뜬다. 아이를 픽업하러 가거나 다음 스케줄 장소로 이동해주기 위해서다. 이때 나는 카페를 한번 정리하고 커피를 볶는다.

오후 4시부터는 실내놀이터가 개장된다. 어린이집, 유치원을 하원하고 엄마와 손을 잡고 하나둘씩 모여든다. 친한 분들이 하나둘 모이면 어느새 자리가 꽉 찬다. 그 시간만큼은 어린이들이 카페를 뛰어다니게 둔다. 날씨가 좋은 날은 문을 열어놓고 비눗방울 놀이도 한다. 엄마들은 아이와 오늘 일과가 어땠는지, 친구들과 사이좋게 놀았는지 이야기를 나눈다.

아이들 재롱에 웃음이 피기도 하고, 아이와 관련된 재미난 에피소드가 끊임없이 나오는 편안한 자리다. 덕분에 나도 아이들과 하이파이브를 하거나 안아주는 경우가 종종 있다. 조카가 근처에 살고 있는 덕에 안아주고 사랑해주는 게 자연스럽다. 그러다 보니 다른 아이들까지 샘을 내면서 경쟁적으로 나를 안아 준다. 느지막이 어린이들의 사랑을 독차지하는 카페 주인장이다.

아이들도 좋아하고, 엄마들도 나와 비슷한 세대라 편하게 이야기를 나누고 정보도 공유한다. 이래저래 들은풍월을 이런 때 요긴하게 사용한다. 아내가 어린이집 원장을 했었기 때문에 옆에서 많이 들어 육아에 대해 아주 모르는 남편들보다는 조금 낫기 때문이다.

정신없이 어우러져 수다를 떨다 보면 엄마들이 밥할 시간이 된다. 각자 집으로 헤어지거나, 그날 필이 꽂히는 아이 엄마가 있으면 오늘 자기 집으로 가자고 한다. 그들을 마중하고 나서 마무리 못한 일과 커피를 볶거나 미뤄둔 청소를 한다.

카페가 이이들의 휴게 장소가 되었다는 게 감사하다. 아이들의 엄마들도 삼삼오오 모여서 그간 쌓아뒀던 스트레스를 담소로 푼다고 하니 얼마나 감사한가. 내 카페가 그런 장소로 이용된다는 게 좋다. 그들과 공유하는 것이 좋고, 아이들이 방긋방긋 웃으며 카페를 뛰어다니는 것도 좋다. 가끔 조용한 분위기에 이야기하고 싶어 하는 젊은 커플이 와서 놀랄 때가 있지만, 그들도 나이 먹고 결혼해서는 이들과 같은 수준의 대화를 나눌 것이다. 카페를 놀이터 삼아 누구나 즐겁게 올 수 있고, 놀 수 있다고 생각할 때마다 감사하다.

동네에 이사 온 사람들이 먼저 와서 인사하고 이사 갈 때 인사한다. 이 동네에 처음 오셔서 분위기를 모르거나 심심해하는 새로운 이웃에게 다른 사람들을 소개시켜준다. 그렇게 하루 이틀 지나면 한 모임의 팀원이 되어 재미를 나누고 삶을 나누고 음식을 나눈다.

시골 동네에서나 있을 법한 이야기일지 모르겠다. 내가 운영하는 카페의 일상이다. 고객이 마음껏 놀 수 있는 놀이터가 된다는 것은 일단 망하는 길에서는 조금이나마 벗어나 있다고 볼 수 있다. 의무감일지 모르지만 꼭 들러주는 고객들 덕에 조금씩 소문이 나기 시작했고 동네 사랑방이 되었다.

별거 없다. 사람들이 오래 머물러 있게 하고 아이들까지 이용하게 하다보면 그들이 단골이 되고 입소문의 진원지가 된다. 그들에게 관심을 갖고 호응하고 재미를 붙여주고 서비스를 제공하면 된다. 하지만 그 과정이 억지로 노력하는 것이 아닌 정말 좋아서 하는 일이 되어야 한다. 그것이 진정한 장사꾼의 마음이고 자세다. 그들이 자리 차지하고 있어서 매출이 준다고 생각하면 틀렸다. 자리를 지켜주는 것이 인(人)테리어의 시작이다. 사람으로 하는 인(人)테리어가 가게의 진정한 실내장식이다.

오후엔 번화가가 아닌 이상 조금 손님이 뜸해진다. 그 시간을 채워주는 분들에게 선물을 드리지는 못할망정 쫓아낼 생각을 한다면 장사 그만둬야 한다. 그들이 내 공간에 와서 놀아주는 것을 감사하게 생각하자. 무료 음료를 제공하지는 못하지만 마음껏 이용하게는 해야 하지 않을까?

진심으로 감사하다. 수많은 경쟁 업체가 즐비한데, 내가 운영하고 있는 매장에 오신 게 감사하다. 그들이 마음껏 누릴 수 있는 장소가 되었을 때 우리는 또 하나의 가족을 만들게 된다. 이게 장사꾼들의 기본 마인드가 되어야 한다.

노인을 받드는 것과 어린이를 사랑하는 것, 손님과 나그네
에게 다정하게 대하는 것을 잊지 마라.

* 맹자

춘추시대의 제후들에게는 다른 나라를 치면서도 그들 나
름의 윤리가 있었다. 첫째가 충정과 효도다. 둘째가 현명
한 사람을 잘 대접하는 것이고, 세 번째가 노인을 받드는
것과 어린이를 사랑하는 것 그리고 손님과 나그네에게 다
정하게 대하는 것을 잊지 말라는 것이다. 이러한 사람을
향한 그들의 배려와 윤리가 세상을 향한 인문학의 근본을
깨닫게 한다.

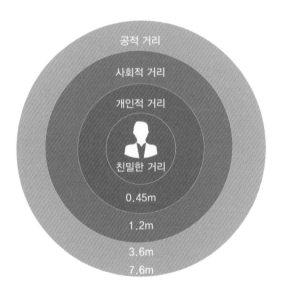

02

고객과
사적인 거리까지

친밀도에 따른 사람 간의 거리
- 친밀한 거리 – 0~45.72cm
- 사적인 거리 – 45.72~120cm
- 사회적 거리 – 120~360cm
- 공적인 거리 – 360~750cm

– 에드워드 홀 –

사람 사이의 거리로 친밀도를 조사한 표다. 친한 사이부터 공적인 사이까지 거리는 점점 늘어간다. 가족과 같이 친밀한 사이는 10cm도 어색하거나 부담스럽지 않다. 그게 부담스럽다면 이상한 가족이다. 처음 보는 사람에게 사적인 거리를 허용하는 것은 아무리 성격 좋은 사람이라 하더라도 어색할 수밖에 없다. 관계마다 필요한 거리가 존재한다.

사람 사이에 존재하는 거리를 통해 친밀도를 평가한 에드워드 홀의 도표를 장사에 적용해보자. 한곳에서 장사를 오래하면 자연스레 단골이 생기는데 그분들과 얼마의 거리를 유지해야 할까? 심각한 고민이다. 하지만 이런 고민을 하고 있다는 것이 행복한 고민이기도 하다. 정말 어려운 매장은 손님을 구경하는 것 자체가 힘드니까.

일부 창업자들은 '고객은 가족'이란 생각에 친밀한 거리까지 쉽게 허용한다. 그 생각을 '맞다, 틀리다'로 평가할 수 없지만, 조심스럽게 친밀감을 쌓아가는 것이 좋다. 짧은 시간 안에 가까운 관계로 발전하면 부작용이 있을 수 있다. 모든 사람이 내 마음 같지 않다. 상대에 따라 상황에 따라 다른 만남을 가져야 한다. 거리를 천천히 줄이기를 바란다.

나도 몇 단골과는 친밀한 관계를 유지하고 있다. 가족끼리도 왕래하게 되는 경우가 있는데, 그럴 때일수록 조심하려고 노력한다. 친해지거나 가까워지면 조심성이 사라지고, 실수할 수도 있다. 마음이 서로 상한 뒤에는 관계가 어색해지니 조심해야 한다. 친밀해진

관계를 더 이상 진전시키지 말라는 게 아니라 더 조심해서 가까워 져야 한다는 의미다. 계란을 다루듯이 정말 최선을 다해야 한다. 오 랫동안 보고 싶은 분들에게 내가 더 조심해서 섬기려고 하는 것은 당연한 이치다. 그래야 오래 간다.

내가 단골과 만들고자 하는 적정한 거리는 사적인 거리다. 거기 까지가 제일 좋은 것 같다. 개인적인 이야기까지 공유할 수 있고, 서로를 위해 조언해 줄 수 있는 정도의 거리다. 개인적인 대소사도 챙겨줄 수 있으면 더 좋기도 하다. 예의를 지키면서 가까워지려면 마음에서 우러나는 배려가 필수 조건이다.

내가 운영하는 카페에는 많은 단골이 있다. 그분들 모두 개인적인 거리까지 만들고 싶지만, 내가 원한다고 다 되는 것도 아니다. 그분 들이 원치 않는 경우도 생길 수 있다. 똑같은 생각으로 일률적으로 대하는 것은 지혜롭지 못한 처신이다. 상대의 성향이 다르므로 대 하는 방법이 달라야 한다. 사람은 공장에서 제작되는 인형이 아니 다. 안부 묻는 것을 즐기는 분들이 있고, 그런 것을 왜 묻느냐는 식 의 생각을 가진 분들도 있다. 살아온 인생이 다른데 어찌 다 같은 생각을 가질 수 있을까. 다른 것이 당연하다.

거리를 조절하자. 세세하게 분류할 필요는 없다. 전반적으로 좋은 관계를 유지하고, 소수의 단골과 깊이 있는 관계를 맺는 것을 추천 한다. 오해의 소지가 있을 경우를 대비해서 각별히 조심해야 한다.

괜한 오해로 주변에 좋지 않은 소문을 내는 것도 지혜롭지 못한 일이다. 발 없는 말이 천리 간다.

> 난로에 너무 가까이하면 데고, 난로에 너무 멀리 있으면 추워지니
> 적당한 거리가 중요하듯이 인간관계 또한 난로처럼 너무 가깝지
> 도 너무 멀지도 않는 관계가 필요하다.
>
> ―혜민 스님, 《멈추면 비로소 보이는 것들》 중에서

난로처럼 우리가 고객을 대하는 거리는 적당하게 따뜻한 거리가 좋다. 사적인 거리를 유지하고 그 안에서 최선을 다해 섬기고자 하는 마음이 전달되게 한다. 처음부터 그런 거리를 작정하고 다가가는 것은 조심하자. 천천히 정중하게 다가가는 것은 새로운 가족을 만드는 지혜로운 방법이다.

서로 예의를 지키는 관계가 오래 간다. 격의 없는 것이 최선이라고 생각하는 분들이 있지만, 그 정도를 넘어서는 것에는 반대한다. 형제 같은 사이로 발전할 수도 있다. 하지만 그 안에서 예의를 지켜야 더 좋은 인상을 남길 수 있다. 격의 없이 만나는 사적인 자리가 아니기에 우리는 언제나 조심하고 정돈된 모습으로 만남을 유지해야 한다.

복장도 신경 써야 한다. 노점을 할 때는 약간 허름하고 후줄근해 보여도 편한 옷을 입고 장사를 했다. 배스킨라빈스 운영할 때는 유니폼이 있었다. 편했다. 오히려 지금이 불편하다. 편한 복장으로 반

바지나 트레이닝복을 입고 싶을 때도 있지만 조심한다. 캐주얼까지는 괜찮지만, 운동복은 자제한다. 내 복장과 몸가짐부터 자제하지 못하는데, 어찌 고객과의 관계를 만들어갈 때 자제하고 정돈할 수 있겠는가. 내가 조심하고 절제하는 습관을 가져야 한다. 그 작은 실천이 나의 이미지를 만들어준다.

고객과 자연스럽게 친해지는 가장 좋은 방법은 바로 '칭찬'이다. 나는 원래 칭찬에도 인색하고 아부도 잘하지 못했다. 부끄러움도 많아 이야기할 때 얼굴도 잘 빨개졌다. 그러다보니 사람들은 별로 나를 좋아하지 않았다.

변화된 지금, 조금 인기가 있다. 조그마한 동네에서 아담한 카페를 운영하다보니 본의 아니게 손님들의 이야기가 귀로 들어온다. 손님의 90%가 여성이다 보니 수다에 적응도 되었다. 서로 어떻게 칭찬을 하는지 유심히 지켜보면서 몇 가지 깨달았다. 칭찬이 쑥스러운 분들께 도움이 될 거 같아 노하우를 공개한다.

1. 지금 만난 사람을 칭찬하라.

자리에 없는 사람의 칭찬은 백날 해봐야 효과 없다. 내 눈앞에 있는 상대에게 집중하고 칭찬한다. 이 별것 아닌 것이 첫 번째 기술이다.

2. 현재를 칭찬하라.

남자가 왜 칭찬에 인색한지 아는가? 거짓말하기 싫어서다. 예쁘지도 않은데 예쁘다고 하는 건 고역이다. 거짓말하면 죄책감이 생기고, 괜한 짓 하는 것은 아닌가 하는 불안감이 생긴다. 안 예쁜데 예쁘다고 속 보이는 거짓말하는 게 아부 아닌가? 차마 그렇게까지는 못 살겠다. 뭐 이런 의미다.

나도 여태껏 그렇게 살아왔다. 하지만 돌아오는 것은 인색한 사람, 칭찬을 모르는 사람으로 매도되었다. 누구에게나 칭찬하기가 어려운가? 아니다. 여배우나 걸그룹을 보면 예쁘다는 말이 절로 나온다. 예쁜 사람을 예쁘다고 인정하는 건 정말 쉽다. 진실이니 쉽게 술술 나오는 것이다. 이게 남자들의 단점이고, 여성들이 말하는 단순한 동물이기 때문에 그러하다.

하지만 여자들은 다르다. 현재의 모습을 칭찬한다.

"어머~ 예뻐졌다!"

이 말의 의미가 뭔지 아는가? 그냥 저번보다 예뻐졌다는 뜻이다. 지금껏 내가 본 중에 제일 예쁜 게 아니고, 연예인처럼 예쁜 게 아니고, 단순히 저번에 만났을 때보다 예뻐졌다는 이야기다. 그 한마디를 시작으로 보험의 여왕들이 탄생하는 것이고, 억대 연봉을 받는 영업자들이 탄생하는 것이다. 정말 단순하지 않은가? 남자들이 놓치고 있는 부분이다. 현재 보이는 대로 말하되 칭찬할 수 있는 것을 찾는다. 보이는 것 중에 장점을 찾는 눈을 길러야 한다.

'살 빠졌다'도 마찬가지다. 모델처럼 쭉쭉빵빵하다는 뜻이 아니다. 지난번에 만났을 때보다 살이 빠진 것을 인정해 주는 것, 이게 칭찬의 시작이다.

3. 좋은 점만 말한다.

칭찬의 본래 의미가 좋은 부분을 말해 주는 것이니 부연 설명을 길게 해줄 필요 없다. 나처럼 단순한 남자들에게 조언을 해주자면, 이상한 모습에 대해 언급하여 괜히 긁어 부스럼 만들지 말길 바란다. 안 좋은 점을 말 안 해준다고 누가 벌점 주는가? 그것은 넘기면 된다. 그냥 좋은 점만 말해줘라. 말 안 한 게 거짓말은 아니다. 이것을 명심해야 한다.

4. 변화에 관심을 가져라.

손님이 머리를 하고 왔다.

"어? 헤어스타일 바뀌었네요?"

이렇게 말하면 끝이다. 나머지는 그녀들이 알아서 말해줄 것이다.

"어머! 어떻게 아셨어요?"

이렇게 이야기는 시작된다. 이후부터는 잘 어울린다며 맞장구만 몇 번 치면 된다. 당신은 최고의 로맨티스트가 될 것이다.

어렵지 않다. 구두가 새것 같은가? 그걸 말해라.

"새로 구두 사셨어요?"

아니라고 하면 새것 같다고 칭찬해줘라. 그 이후엔 그녀가 당신을 대화의 길로 인도할 것이다.

5. 눈을 보고 말해라.

너무 간단해서 설명 안 하려고 했는데, 이것도 모르는 남자들이 있다. 제발 딴 데 보지 마라. 상대방한테 이야기하는데, 다른 여자 보지 마라. 말하는 자세의 기본이니 그것만 잘 지키면 당신은 어디 가든지 상석에 앉는 기회를 잡게 될 것이다.

장사를 하면서 지켜보니 위 5가지가 핵심이었다. 오시는 분들에게 감사하다. 대화하는 것을 엿듣고 깨달았다. 이것만 잘 지킨다면 어디서든 사람들과 좋은 관계를 유지할 것이고, 온 세상이 나를 반길 것이다. 장사를 통해 많은 이들의 인정을 받는 길은 어렵지 않다. 단순한 것을 잘 행하면 된다.

칭찬은 고래도 춤추게 한다. 제대로 된 칭찬은 고객을 춤추게 한다. 적절히 사용해 단골을 늘려가는 재미를 맛보시길 바란다. 이처럼 쉬운 길이 있는데, 나는 청렴결백하여 곧 죽어도 거짓말은 조금도 못하겠다는 굳은 의지를 가진 분이 있다면 굳이 말리지는 않겠다. 하지만 칭찬은 고객과의 거리를 줄이고, 매장이 기분 좋고 편안한 곳임을 각인시켜주는 매개체임을 잊지 말자.

> 서한 초기에 연왕(燕王) 노관(盧綰)이 반란을 일으키자 한
> 고조 유방(劉邦)은 번쾌(樊噲)에게 상국(相國)의 신분으로
> 군사를 이끌고 가서 그를 치라고 명했다. 그런데 번쾌가
> 출발하자마자 누군가 그를 모함했다. 이에 한고조가 격노
> 해 말했다.
> "번쾌가 감히 내가 병을 얻은 것을 보고 죽기를 바랐는가!"
> 한고조는 진평(陳平)의 계책을 이용해 강후(絳侯) 주발(周
> 勃)을 침전으로 부른 뒤 명을 내렸다.
> "진평은 급히 명령을 받들고 파발을 띄워 속히 주발과 함
> 께 번쾌의 군중으로 가서 그의 직무를 대행하도록 하라.
> 번쾌의 군중에 이르거든 곧바로 번쾌를 참수하라!"
> 두 사람은 황제의 명령을 받고 나서 몰래 계책을 세웠다.
> "번쾌는 예부터 황제와 가까이 지낸 사람이고 공을 많이
> 세운 데다 여황후(呂皇后)의 매부이니 친척일 뿐 아니라
> 귀한 신분이오. 황제가 격노해 그를 참수하라고 하지만 후
> 회할 수도 있소이다. 차라리 죄인의 신분으로 수레에 태워
> 올려 보내고 황제가 직접 그를 주살하도록 하는 편이 좋
> 겠소."
> 진평은 번쾌의 군중에 도착해 단을 세우고 황제의 명으로
> 번쾌를 불러들였다. 번쾌는 황제의 조서와 부절(符節)을
> 받으러 왔다가 도리어 죄인이 타는 수레에 실려 장안으로
> 가는 신세가 되었다. 주발은 그를 대신해 명령대로 군사를

이끌고 가 연왕을 평정했다. 진평은 돌아가는 길에 한고조의 붕어 소식을 들었다. 그는 여황후 자매가 노여워할까 두려워 먼저 번쾌의 수레를 보냈다. 사신은 진평과 관영(灌嬰)에게 영양(榮陽)에 주둔하라는 황제의 명령을 전했다. 진평은 황제의 부음을 듣고 곧바로 급히 말을 달려 황궁으로 들어갔다. 그는 남달리 목 놓아 슬피 울었고 출상 전에 기회를 보아 한고조의 붕어로 태후가 된 여씨 앞에 나아가 이전의 일을 아뢰었다. 여태후는 진평을 가엾게 여기며 말했다.

"그대를 궁 밖으로 내치지는 않겠소!"

진평은 황궁에 머물러 호위하는 일을 맡고자 청했으며, 여태후는 그를 낭중(郎中)으로 삼으며 말했다.

"그대가 황제를 가르치고 보필하시오."

그러나 이후 여태후의 여동생이 그를 참소해서 그 일은 이루어질 수 없었다.

★ 풍몽룡,《지낭》중에서

참소로 끝났지만, 관계의 거리를 가늠하고 일을 처리해 화를 면한 진평을 보자. 사람 사이의 관계에는 거리가 있다. 그 거리를 파악하고 행동해야 한다. 그 거리를 이해하지 못하고 자신의 입장에서만 판단하고 행하는 무지한 행동은 하지 말자.

사장님,
책 추천해 주세요

인생을 잘 살기 위해서는 '네 명의 어른'을 잘 모셔야 한다는 말이 있습니다. 네 명의 어른이란 아버지, 선생님, 사장, 아내를 뜻합니다. 어렸을 때는 아버지와의 관계를 잘 처리해야 하고, 학교에 가면 선생님과의 관계를 잘 처리해야 하고, 일을 할 때는 사장과의 관계를 잘 처리해야 하며, 결혼을 하면 아내와의 관계를 잘 처리해야 한다는 것입니다. 이 네 어른들과의 관계를 잘 처리하면 인생이 행복해질 수 있습니다.

– 자오위핑, 《자기통제의 승부사 사마의》 중에서 –

관리학의 대가라는 칭호에 걸맞게 비즈니스 세계에서도 자오위핑의 강의는 참으로 유익하다. 나는 네 명의 어른을 자영업자의 입장에서 생각해봤다. 아버지, 선생님, 아내까지는 똑같다. 사장과의 관계 설정을 조금 다르게 이해했으면 좋겠다. 자영업자들은 자신이 사장이기 때문에 고객은 왕이라는 고어의 의미를 뛰어넘어, 직원들과 고객을 더 신경 써야 한다.

고객과 직원이 사장이라 생각해야 한다. 그들을 어떻게 섬기고 관계를 잘 맺어 관리해야 하는지가 장사의 승패를 가를 만큼 중요하다. 인간적인 관계를 잘 맺으면 일터가 행복해지고, 돈은 저절로 더 들어온다. 고객을 외부고객이라 생각하면, 직원은 내부고객이다. 손님을 대할 때 직원들이 사장이고, 가게의 얼굴이 된다. 내가 그들에게 잘해주고 행복하게 일할 수 있는 근무환경을 만들어주면 그들은 외부고객에게 행복을 전한다. 서로 상생관계가 형성된다.

한때 외부고객인 고객만을 섬기는 게 대세였고, 직원들을 부속물처럼 여기는 시대도 있었다. 지금은 그런 세상이 아니다. 고객의 개념이 확장되고 있다. '그럼 사장은 만날 섬기기만 하는 거냐?'고 하소연할 수 있겠다. 다르게 생각해보자. 고객들을 섬기면서 자신도 행복해질 수 있다. 자신과 관계하는 사람이 행복한데, 자신은 불행해진다는 것은 양립할 수 없다. 행복이 흘러넘치면 다른 이들에게도 전달된다. 서로에게 마음을 열어야 비로소 비즈니스가 시작될 수 있다. 장사도 마찬가지다. 사장이 어떤 마음을 가지고 관계를 깊게 만들 수 있느냐에 따라 처음 온 손님이 단골이 되느냐 한번 방문에 그치는지 결정된다.

나는 책을 많이 본다. 1년에 100권 이상 읽는다. 한가할 때는 손에서 책을 놓지 않기 때문에 단골들은 나의 이런 모습을 많이 봤다. 그래서 손님들과의 대화가 책으로 시작되는 경우가 많다.

"어떤 책 좋아하세요?"

대화가 자연스럽게 이어진다. 사람마다 좋아하는 종류의 책은 다르지만, 양서라고 생각하는 책을 서로 추천하고 싶은 마음은 인지상정인가 보다. 읽은 지 오래되었지만 아직도 가슴에 남는 책, 감동적이었던 인생의 책은 누구에게나 한두 권씩 있다. 그 책을 많은 사람들이 읽어봤으면 하는 것이 책을 좋아하는 사람들의 공통된 마음이다. 많은 책을 읽고 있지만, 모든 책이 나에게 맞는 것은 아니다. 그중에 정말 추천해주고 싶은 책은 따로 빼놓는다. 추천하고 싶은 책을 좋아할 것 같은 분위기의 단골손님께 추천해드린다.

카페 한쪽에는 30~40권의 책이 구비되어 있다. 읽은 책이 반이고, 읽을 책이 반이다. 매번 바뀐다. 내가 읽고 감동받은 책을 추천해 드린다. 고객들이 읽고 나서 느낀 점을 서로 이야기하다보면 몰랐던 부분을 많이 알게 되고 더욱 친밀한 관계가 된다. 내가 추천해준 책을 재미있게 읽은 고객님은 나에게 책을 선물해주시거나 빌려주신다. 카페에 책이 점점 넘쳐나서 좋다.

카페의 단골손님들에게 카페 직원 직함을 드렸다. 부장님, 차장님, 과장님, 대리님 등 재미 차원에서 불러드린다. 그중 조경부장님으로 임명한 유 부장님이 계신다. 책과 화초를 좋아하셔서 가게의 조경 부장님으로 임명했다. 자주 들러주셨는데, 책에 대한 생각을 공유하고 나서부터 이야깃거리가 더욱 풍성해졌다. 세상을 향한 격정만 하다 끝나던 대화를 넘어 더 좋은 세상을 만들기 위해 아이들에게 어떤 삶의 지표를 줄 것인지도 고민한다. 책을 통한 교제의 장점이다.

앞으로 카페를 더 키워 북카페를 운영하고 싶다. 오시는 분들과 깊이 있는 이야기를 나누고 생각을 공유하면서 우리가 직접 세상을 긍정적으로 바꾸어갈 수 있는 일들을 찾아봐야겠다. 그곳에서 커피를 마시거나 책을 읽으러 오시는 한 분 한 분과 이야기 나눌 수 있는 관계가 되는 것이 내가 꿈꾸는 모습이고 운영해보고 싶은 카페의 모습이다.

앞으로 더 좋은 책을 통해 성장하면서 좋은 분들과 좋은 책을 나눌 수 있는 장소가 되길 바란다. 좋아하는 책을 주제로 좋은 분들과 이야기를 나눌 수 있다는 게 행복하다. 가게 사장과 고객이 독서토론을 목적으로 모임을 갖는 경우가 많지는 않을 것이다. 그것을 해보고 싶다. 그런 장소로 내 카페가 사용되길 원하고, 내가 읽고 나누고자 하는 책을 통해 그런 모임이 활성화되어 세상을 조금이나마 바꾸는데 일조하고 싶다.

《인문의 숲에서 경영을 만나다》의 저자 정진홍 교수의 말이다.

"인문적 소양을 갖춘 이른바 '사람전문가'가 주목받는 시대가 오고 있다. 사람에 대한 관찰과 탐구, 그리고 관심과 애정이 있는 사람이 거의 모든 분야에서 경쟁력을 확보하게 될 것이다. '마음을 쓰는 서비스'는 '머리를 쓰는 서비스'를 뛰어넘는 가장 자연스럽고 가장 필요한 서비스로 기업과 고객과 직원이 모두 행복한 상황을 만들게 될 것이다."

책을 통해 '마음을 쓰는 서비스'가 무엇인지 조금 알게 되었다. 고객과 판매자의 단순한 거래로 끝나는 것이 아니라 사람과 사람의 관계를 이어갈 수 있는 끈이 책이다. 사람에 대한 관찰과 탐구를 통해 더 깊이 있는 통찰을 얻을 수 있다. 책을 읽으며 깨달은 진리를 통해 마음을 쓰는 깊이 있는 서비스를 할 수 있다. 우리가 추구해야 할 진정한 서비스다. 고객과 새로운 분야에 대한 관심을 공유하게 되는 즐거움을 누려본 사람은 안다. 책을 통해 성장하니 더 좋은 일들이 늘어간다.

> 책이 없는 집은 영혼이 없는 몸과 같다.
>
> — 《탈무드》 중에서

책이 쌓여갈수록 가게의 히스토리는 더 깊어져간다. 책을 공유할수록 고객과 함께 성장하고 서로를 위해 힘쓰게 만드는 선순환이 만들어진다.

책을 잘 읽는 이라면 마땅히 손이 춤추고 발이 뛰는 경지에 이르러야 하니, 바야흐로 고기를 잡으매 통발을 잊고, 토끼를 잡으매 덫을 잊음과 같으리라. 사물을 잘 살피는 이라면 마땅히 마음이 풀리고 정신이 부드러워지는 데에 이르러야 하니, 바야흐로 바깥에 나타난 형상에 붙잡히지 않으리라.

* 《채근담》 중에서

진심은 통한다

내게 옷을 팔려고 하지 마세요.

그 대신 날카로운 인상, 멋진 스타일, 그리고 매혹적인 외모를 팔아주세요.

내게 보험 상품을 팔려고 하지 마세요.

대신 마음의 평화와 내 가족과 나를 위한, 위대한 미래를 팔아주세요.

내게 집을 팔 생각은 말아요.

대신 안락함과 만족, 그리고 되팔 때의 이익과 소유함으로써 얻을 수 있는 자부심을 팔아주세요.

내게 책을 팔려고요?

아니에요. 대신 즐거운 시간과 유익한 지식을 팔아주세요.

내게 장난감을 팔려고 하지 말아요.

그 대신 내 아이들에게 즐거운 순간을 팔아주세요.

내게 컴퓨터를 팔 생각은 하지 말아요.

대신 기적 같은 기술이 줄 수 있는 즐거움과 효익을 팔아주세요.

내게 타이어를 팔려고 하지 마세요.

대신 기름 덜 들이고 걱정으로부터 쉽게 벗어날 수 있는 자유를
팔아주세요.

내게 비행기 티켓을 팔려고 하지 말아요.

대신 내 목적지에 빠르고 안전하게, 그리고 정시에 도착할 수 있
는 약속을 팔아주세요.

내게 물건을 팔려고 하지 말아요.

대신 꿈과 느낌과 자부심과 일상생활의 행복을 팔아주세요.

제발 내게 물건을 팔려고 하지 마세요.

- 마이클 르뵈프, 《평생 고객을 만드는 법》 중에서

고객의 마음이다. 이런 고객의 뜻을 이해하고 그들의 편에서 권하
는 게 장사다. 이런 배려의 마음을 가지고 있는 사람에게 고객들이
몰리지 않을까? 이런 사람에게 물건을 사고 싶어 고객들은 줄을 선
다. 깨달음은 멀리 내다보는 사람들에게 얻어지는 선물이다. 판매
에 눈이 멀면 고객의 취향과 필요는 보이지 않게 된다. 그건 내 알
바 아니다, 상관없다라고 여긴다. 본질이 흐려진 잘못된 장사다.

고객의 필요를 채워주는 것이 장사다. 그 본질은 이해하지 않고, 무조건 비싸게 빨리 많이 판매하면 된다고 생각하는 이들을 보면 마음이 아프다. 그것은 사기지 장사가 아니다. 그것을 장사라고 가르치고 그렇게 성공했다고 이야기하는 사람들이 있다면 다시 생각해야 한다. 그것은 속임수다.

장사의 본질을 돈 욕심에 가려 보지 못하는 경우, 잠깐 잘되다가도 나중에는 그 몇 배로 나에게 돌아오게 되어 있다. 사람에게 하는 장사가 돈 욕심에 가려 본질이 흐려지는 것을 용납할 수 없다. 내가 속임수 쓴 만큼 아니 그 이상으로 나의 인생을 망치는 결과로 돌아온다. 당연한 것, 기본적인 것, 작은 것에 충실히 하지 않았을 때 그 작은 틈새가 둑을 무너뜨리는 것처럼 모든 게 망가져버린다.

물론 장사로 돈을 벌겠다는 목적이 잘못된 것은 아니다. 하지만 어떤 자세로 장사를 하고 사람을 대하는지 고객들은 장사꾼의 진심을 보고 싶어 한다. 그 진심을 이해한 사람들은 단골이 되고, 발 벗고 도와주기 위해 스스로 노력한다. 우리가 베푼 작은 진심이 쌓여 더 큰 열매로 자라 돌아온다.

소탐대실(小貪大失).

이처럼 간단하게 상황을 설명할 수 있는 단어를 찾기가 힘들다. 작은 것을 탐하다 큰 것을 잃는다는 뜻이다. 작은 욕심이 쌓이면 큰 것을 잃을 수 있다. 작은 문의 틈새에 황소바람이 들이친다.

고객에게는 언제나 필요를 채워주겠다는 생각으로 접근해야 한다. 그들이 원하는 것을 '제때'에 주어야 한다. 그러면 돈은 자연스럽게 따라온다. 베푸는 것을 아까워하지 않아야 한다. 돈이 목적인 사람들은 일찍 성공하고 싶어 한다. 빨리 돈을 벌어 쉬면서 남에게 거드름을 피우고 싶어 한다.

하지만 초년성공이 불행이라는 사실을 아는가? 일찍 성공한 것은 행복이 아니라 불행한 일이다. 삼대 불행(초년성공, 중년상처, 노년빈곤) 중 제일 먼저 꼽힌다. 피나는 노력으로 젊은 나이에 성공하는 경우도 있지만, 노력보다는 정말 운이 좋아 성공한 경우라면 결국 후회와 실패가 남게 된다. 성공을 계속 이어갈 준비가 되어 있지 않기 때문이다. 한번은 운 좋게 성공할 수 있다. 성공을 꾸준히 그리고 더 크게 이어가려면 내공이 있어야 한다. 내공이 뒷받침되지 않는 사람은 주저앉는다.

부하직원 100명을 다스려본 사람은 딱 거기까지가 한계다. 1000명을 다스려 본 사람은 거기까지다. 그 이상의 사람들을 부리려면 치열하게 시행착오를 겪어야 한다. 더 성장하기 위해 노력하고 준비한 사람만 다음 단계로 나갈 수 있다. 하지만 많은 사람이 노력하기보다 빨리 누리고 싶어 한다.

타이거 우즈가 한창 우승을 도맡아 할 때, 그는 스윙폼이 잘못된 것을 지적받고 과감하게 변화를 시도한다. 적응기간 동안 우승과는 거리가 먼 순위권 밖에서 맴돌았다. 하지만 타이거 우즈는 그 시간을 묵묵히 견뎌내면서 포기하지 않았다. 그리고 그 결과는 나타나기 시작했고 다시 정상에 섰다.

2006년 우즈가 미국 CBS 간판 프로그램 중 하나인 〈60Minutes〉에 출연했을 때 진행자였던 에드 브래들리(Ed Bradley)가 물었다.

"성적이 좋았는데 왜 두 번씩이나 스윙을 바꾼 거죠?"

우즈의 대답은 간단하고 명료했다.

"더 나아지기 위해서요(become better)."

노력의 시간을 이겨내고 새롭게 우승의 대열에 합류하게 된다. 그 시기에 그는 한눈을 팔지 않았다. 그의 나아지고 싶은 욕망이 진심이었음을 우리는 지켜봤다. 어려운 시기를 이겨내고 다시 우승 타이틀을 거머쥐고 전성기를 살아가는 그에게 존경심이 생긴다.

장사도 그렇다. '성공하고 싶다'는 마음을 갖기 이전에 '사람을 향한 진심을 갖겠다'라는 다짐이 우선이어야 한다. 그게 우선이 되었을 때 고객이 진심인지 평가한다. 진심이 읽혀지면 사람이 모이고, 단골이 되고 사업을 위해 본인들이 힘써 준다.

우리 카페에 지분이 있다고 내가 인정하는 어머님들이 계신다. 오가다가 가게에 사람이 없어 보인다 싶으면 들어오셔서 자리를 지켜 준다. 매장에 있다가 자리가 없어 손님이 기다리면 제일 먼저 자리를 털고 일어난다. 자신들이 먼저 자리를 내어 준다. 밖에서 드시겠다고 하면서 말이다. 얼마나 감사하고 죄송한지 모른다. 어머님들께 항상 감사하다. 매번 떡이나 빈대떡, 김밥 같은 것을 챙겨 주신다. 사위처럼 아들처럼 대해 주시는 그 마음에 매번 염치없지만 잘 받아먹는다. 나 또한 그분들이 오시는 게 진심으로 감사하고 좋다.

배려가 가면 사람이 온다.

—정철, 《한 글자》 중에서

진심이 겉에서 보이지는 않는다. 하지만 사람은 영적인 존재다. 보이지 않는 그 마음을 느낄 수 있다. 우리가 진심 어린 마음으로 그분들을 섬길 때 그 진심은 자연스럽게 흘러들어가게 된다. 진심은 자연스럽게 통한다. 그게 진리다. 마음의 중심이 제대로 자리 잡고 있다면 다른 것은 신경 쓰지 않아도 된다. 좋은 것을 좋은 가격에 판매하겠다는 정직만 더하면 성공은 바로 코앞에 있다. 조금만 참고 견디면 된다.

카페를 운영하는 지금, 나는 많은 욕심을 버렸다. 많은 커피를 파는 것보다 그들의 마음을 얻는 게 우선이 되었다. 그들의 마음을 얻으면 가족이 되고, 가족이 되면 자신의 지인들을 소개해주고 싶은 마음이 들게 된다. 더불어 매출이 상승된다. 그런 선순환을 통해 조금씩 성장한다. 이전엔 하루하루 매출에 따라 표정이 일희일비했다.

매출에 따라 표정이 달라졌으니 고객님들에게 걸릴 것은 자명한 일이다. 내가 어떤 생각을 하고 있는지, 어떤 자세로 그들을 대하는지 손님들은 모두 느낄 수가 있다. 나의 배려가 진심이라는 선물로 상대에게 전달될 때, 그들은 사람이라는 선물로 나에게 응답해 준다. 내가 장사하면서 깨달은 바고, 많은 분들도 배워야 할 노하우다.

공자의 제자인 증자가 말했다.

"능력이 있으면서도 능력 없는 사람에게 묻고, 많이 알면서도 적게 아는 사람에게 물었으며, 있으면서도 없는 듯하고, 꽉 차 있으면서도 텅 빈 듯하고, 남이 자기에게 잘못을 범해도 잘잘못을 따지며 다투지 않았다. 예전의 나의 친구가 이를 실천하며 살았다."

* 《논어》 태백편 중에서

예나 지금이나 진심은 통한다. 겸손하고 진실된 마음은 다른 이들에게 그대로 전달된다.

05

6개월 만에
오셨네요?

폴 맥기의 《사람과 함께 사람으로 성공하라》에는 다음과 같은 이야기가 나온다. 고전을 면치 못하던 소매업체에 새로운 관리자 한 명이 왔다. 그 관리자는 100명의 직원들의 이름을 기억하여 일할 때 불러주었는데, 이 작은 행동의 변화는 엄청난 결과를 가져왔다. 사내 분위기가 달라지고 매출이 오르기 시작한 것이다. 직원들의 월급을 올려준 것도 아니고, 바뀐 것은 관리자 한 명 뿐이었는데 말이다. 비밀열쇠는 바로 사람이다. 한 사람이 이룬 것이다.

꼴찌를 도맡아하던 농구팀이나 축구팀이 감독만 바뀌었을 뿐인데, 상상도 못할 성적을 거두는 것을 우리는 가끔 본다. 팀 멤버가 바뀐 것도 아닌데, 이전과는 다른 마인드로 무장하여 써내려가는 드라마는 감동적이다. 그런데 이런 기적 같은 반전의 시작은 사실 큰 것을 잘해서가 아니라, 작은 것을 제대로 실천했기 때문일 때가 많다.

'깨진 유리창의 법칙(Broken Windows Theory, BWT)'이라는 것이 있다. 미국의 범죄학자인 제임스 윌슨과 조지 켈링이 1982년 3월에 공동 발표한 내용으로 사회 무질서에 관한 이론이다. 깨진 유리창을 방치하면 그 지점을 중심으로 범죄가 확산되기 시작하는데, 사소한 무질서를 방치하면 큰 문제로 이어질 가능성이 높다는 의미를 담고 있다. 사소한 문제라도 방치할 경우 더 큰 사고의 위험이 따라온다. 점점 큰 문제로 확산될 수 있다.

손님의 이름을 기억하고 불러주기, 취향 기억하기 등은 단골손님을 만들 수 있는 확률을 높여준다. 그들은 지속적으로 자리를 채워주고, 가끔 새로운 지인들과 함께 오기도 한다. 커피 취향을 기억해두었다가 말하지 않아도 시럽을 먼저 넣거나, 듬뿍 넣거나 고객님 스타일로 맞춰서 내는 일은 어렵지 않은 스킬이다. 하루에 몇 백 명이 오는 유동인구가 넘쳐나는 곳에서야 어렵겠지만, 동네 어귀의 작은 카페에서 충분히 할 수 있는 일이다. 거의 오시는 분들만 오신다. 새로운 고객은 10%를 넘지 않는다.

몇몇 고객의 커피 취향을 기억하는 것은 관심만 있으면 누구든 할 수 있는 일이다. 안 외워지면 적어라도 놔야 한다. 그 작은 행동에 상대는 감동을 하고, 마음을 사로잡힌다. 그렇다고 과하게 생색 내지는 말아야 한다.

늦여름, 더위가 약간 수그러들던 어느 날이었다.

"사장님, 오랜만이에요."

논산으로 이사 간 다빈 엄마의 목소리다.

'우와!!!! 대박!'

환한 얼굴로 카페에 들어서며 인사한다. 세 아이의 엄마로 카페 오픈 후 9개월 정도 VIP였다. 부모님께서 하는 딸기 농사를 도우며 일을 배우기 위해 온 가족이 고향으로 내려갔다. 6개월 만에 본 것이었는데 마지막으로 오셨을 때보다 더 살이 빠지고, 건강하게 그을린 모습이었는데 정말 반가웠다.

평소 친한 남자 지인이었다면 달려가서 안아줬을 것이다. 유부남이 남의 유부녀를 그럴 수 없는 법. 너무 반가운 마음에 목소리 톤이 올라갔다. 오랜만에 온 단골의 입맛을 기억해냈다. 아이스 아메리카노를 추운 날에도 주문했던 기억을 더듬어 서비스로 드렸다.

"이곳 커피맛이 너무 그리웠어요. 이사 간 곳에서 친구 사귈 시간이 없고 해서 여기서 동네 엄마들도 만나고 큰 딸 친구도 만나게 해줄 겸해서 기차 타고 왔어요. 인천에 도착하고 처음으로 이 가게부터 왔어요."

이 얼마나 행복한 일이 아니겠는가. 참 감사하다.

인생은 흘러가는 것이 아니라 채워지는 것이다. 우리는 하루하루를 보내는 것이 아니라 내가 가진 무엇으로 채워가는 것이다.

-존 러스킨

나는 장사하는 사람으로서 어떤 것을 채워가야 하는가를 고민해 본다. 멀리에서 오면서 꼭 들러야겠다고 마음먹었다니, 감동했다. 짧은 기간의 교류였고, 가게 주인과 단골손님과의 관계였지만 기억하고 뭐가를 주고 싶어 했던 그 마음을 알아주었다는 것에 감사한다. 아내와도 꽤 친하게 지냈다. 안부를 물으며 서로 가정사를 나누게 되니 즐거운 시간이었다.

'짧은 만남, 긴 여운'이란 말처럼 우리의 인생에 길지 않은 만남이었음에도, 임팩트 있는 그런 관계가 있다. 내가 최선을 다하면 상대는 기억한다. 서로의 거리가 멀리 떨어져 있을지는 모르지만, 기억해내고 끄집어내고 연결되고 싶어지는 마음은 똑같다.

멀리서 오는 손님이 반가운 이유야 백 가지가 넘지만, 수많은 이유 중 내가 기뻤던 것은 서로 기억하고 반겨주면서 관계를 더 확장해 나가겠다는 그 마음 때문이었다. 논산과 인천의 거리는 꽤 멀다. 우리 가족을 초대하고 싶다는 그 말씀이 진심이 느껴진다. 나 또한 그곳에 가족이 함께 가서 가족 대 가족으로 더 깊이 있는 관계를 만들고 싶은 마음이기도 하다. 먼 거리에 살고 있는 오랜만에 오신 고객의 방문이 나의 기억을 더듬게 해준다. 그것은 과거에 있었던 에피소드까지 엮어 떠오르게 한다. 반가움에 이야깃거리가 풍성해지고 꼬리에 꼬리를 물고 이어지는 게 당연하다.

사람살이 별다른 게 없다. 장사 또한 특별한 비결이 없다. 오시는 분을 기억하고 그들의 취향을 존중하고 그들에게 좋은 것을 드리고자 하는 노력이 결실을 맺는 것이다. 나의 별다른 게 없는 마음의 서비스를 기꺼이 감사하게 받아주고, 화분이나 먹을 것, 작은 소품들을 정성 들여 만들어 카페로 가져오는 분들이 계신다. 그렇기에 카페가 환해지고 점점 풍성해진다. 특별한 노하우 없이 정직하게 섬기겠다는 내 마음이 손님에게 통했다는 생각에 하루하루가 감사하다. 오시는 모든 분들이 행복하길 진심으로 바라는 그 마음까지 전달되길 바란다.

기억하고 알아봐주는 것이 작은 것일지 모르겠다. 하지만 장사를 하려는 사람이라면 반드시 기억해야 할 제일 법칙이다.

세상은 호의를 베푸는 사람에게 그만큼의 보상을 베풀어준다.
—하비 맥케이

이름을 기억하는 노하우가 따로 있지는 않다. 자꾸 불러주는 것이 최고다. 노점을 할 때 주 고객인 아이들의 이름을 잘 기억하는 나를 보고 아내가 물었다.

"어떻게 그렇게 이름을 잘 외워요?"

"노하우가 있지."

잠시 뜸을 들이다가 말했다.

"아이들은 교복을 입잖아. 이름표가 거의 있어. 그걸 보면서 부르다 보니까 자연스럽게 이름이 외워지더라고."

그땐 이런 방법이 통했지만, 지금 고객들에게는 이름표가 없으므로 자주 불러 기억하려고 노력한다. 이런 작은 차이가 일류를 만든다. 프로와 아마추어는 종이 한 장 차이다. 그 차이가 몸값의 차이다. 기억하고 섬기도록 하자. 우리의 디테일을 살려 높은 차원의 장사꾼이 되었으면 한다.

표모반신(漂母飯信) – 빨래하는 아낙이 한신에게 밥을 주었다

한신이 오랫동안 남창에 있는 촌장 집에서 묵은 적이 있는데, 촌장은 한신이 일반인과 다른 면모가 있음을 알아보고 일을 하지 않아도 묵게 했다. 그러나 촌장의 아내는 매일매일 빈둥거리며 밥만 축내는 한신을 몹시 싫어해서 어느 날부터 아침밥을 일찍 먹고는 한신의 밥은 챙겨주지 않았다. 결국 한신은 어쩔 수 없이 촌장 집을 떠나 배고픔을 참고 강가에서 낚시로 연명해갔다. 그때 강가에서 빨래를 하던 아낙들 중에 한 노파가 있었는데, 그가 굶주리는 것을 보고는 불쌍히 여겨 늘 자신의 밥을 나눠 주었다.

그러면서 한신에게 대장부라면 마땅히 뜻을 세워야지 다른 사람에게 의지해선 안 된다며 열심히 노력하라고 질책과 격려를 해주었다.

한신(~BC 196)은 진나라가 망하고 초나라와 한나라의 패권 다툼 때 한고조 유방에게 천하를 안겨준 대표적인 인물이다.

* 사마천, 《사기》 중에서

어려울 때 은혜를 입었으면 기억하고 갚아야 한다. 지금 우리가 사는 세상은 다른 이들의 도움이 있었기에 존재하는 것이다. 그 도움에 평생 보은하는 마음의 자세로 살아가야 한다. 그게 삶이든 장사든 마찬가지다.

들어줘요, 제발

설득의 대가는 경청의 힘을 알고 있다.

− 나폴레옹 −

듣는 것과 경청은 다르다. 많은 사람이 듣는 것은 잘한다. 반면 깊이 있는 경청은 잘 못한다. 듣는 것은 소리를 귀로 받아들이는 것이고, 경청은 상대방의 말에 집중하고 그 안에 숨어있는 뜻까지 파악하는 것이다. 상대방의 입장에서 생각하고, 그 의미를 분명하게 파악하고, 제대로 이해하는 것이 진정한 경청이다.

지금은 경청을 잘하는 사람을 발견하기 힘든 세상이다. 모두 자신이 이야기만 하려 한다. 듣는 것이 익숙하지 못한 시대를 사는 사람들은 상대방의 의도를 파악하지 못한다. 그들이 하는 말을 정리하지 못하고, 속뜻을 읽어내지 못한다.

다음은 효과적인 경청을 위한 8가지 방법이다. 스티븐 로빈스의 《사람 경영》을 바탕으로 추가 및 정리해보았다.

1. 상대에게 눈맞춤을 하라.

내가 이야기하고 있을 때, 상대방이 쳐다보지 않는다면 그로 인해 좌절하고 낙심하게 되는 것이 인지상정이다. 상대방이 이야기를 할 때는 그쪽을 바라보고 눈을 맞추어야 한다. '너는 말해라, 나는 딴 짓할란다'처럼 보이는 행동은 상대의 마음을 상하게 만든다.

2. 긍정적인 고갯짓과 적절한 표정을 지어라.

경청을 잘하는 사람은 상대에게 관심을 가지고 있다. 표정을 보면서 고개를 끄덕이고 상황에 맞는 감탄사를 곁들이면 효과적인 경청자가 될 수 있다. 말하는 사람은 행동이나 표정, 제스처인 비언어적 신호를 통해서도 내용을 전달하므로, 경청자가 적극적인 신호를 보내면 말하는 사람은 상대가 경청하고 있다고 판단한다.

3. 주의를 산만하게 하는 행동을 피하라.

대화하고 있는 중에 상대가 딴짓을 하면 말하는 사람은 힘이 빠진다. 자꾸 다른 곳에 시선을 두고, 스마트폰을 만지작거리는 행동은 지금 하는 말에 관심이 없다는 뜻으로 비쳐진다. 상대가 말을 할 때는 한눈팔지 말고 그에게 집중하라.

4. 적절한 질문을 하라.

상대가 말하는 내용을 집중해서 듣고, 적절한 질문으로 이야기가 끊이지 않도록 노력하라. 열심히 듣고 있다는 다른 표현이다. 이해가 되어야 좋은 질문을 할 수 있다. 질문을 통해 이야기에 관심이 있는지 아닌지를 파악할 수 있다. 엉뚱한 질문을 피하고 핵심을 파악한 뒤 질문해야 한다.

5. 들었던 내용을 다시 한 번 되풀이하라.

들은 내용을 조금 되풀이해야 한다. "이렇다는 것이군요" 등의 표현을 통해 재확인해 줌으로써 상대에게 내가 제대로 듣고 있다는 표현을 할 수 있다. 요점 파악을 제대로 못했다면 다시 짚어줄 수 있기도 하니 일석이조다. 그 행동으로 상대의 이야기에 관심을 두고 있다는 사실을 자연스럽게 확인하게 된다.

6. 상대방이 말하는 중에 자르며 끼어들지 마라.

일단 이야기가 길지 않은 이상 끝까지 들어줘야 한다. 말허리를 자르는 것처럼 나쁜 버릇은 없다. 단정하지 않고 끝까지 들은 후에 대응해도 늦지 않다. 그가 말할 수 있도록 충분한 시간을 줘라. 그래야 그가 말하는 바를 제대로 평가할 수 있고, 반박도 할 수 있다. 논리의 허점 또한 잘 들어야 찾을 수 있다.

7. 나만 너무 많이 말하지 마라.

1분 말하고, 2분 들어주고, 3분 맞장구 처라(123법칙). 말하는 비중보다 들어주는 비중이 두 배 이상 많아야 한다. 말할 때는 들을 수 없다. 상대보다 많은 말을 하는 것은 경청이 아니고 발표다. 발표 자리가 아닌 이상 말을 많이 할 필요가 없다.

8. 말하는 사람이나 듣는 사람의 역할을 부드럽게 바꾸어라.

일반적인 강의나 강연이 아닌 이상 말하는 사람과 듣는 사람의 역할이 바뀔 수밖에 없다. 적당한 시점에 바뀌기도 하고 주도할 수도 있다. 하지만 너무 한쪽으로 치우치지 않도록 노력해야 한다. 맡은 역할에 대한 비중을 계산하고 적절하게 대응해야 제대로 된 경청을 할 수 있다. 부드럽게 분위기 전환이 이뤄지도록 반응하자.

손님과 대화해 보겠다고 일방적으로 떠들기 시작하면 안 된다. 소음이 될 뿐이다. 남대문 시장에서 장사하는 것처럼 떠들기만 하면 팔린다는 생각을 하고 있다면 당신은 90년대를 살고 있는 사람이다.

시대가 바뀐 만큼 손님을 대하는 법도, 장사문화도 변해야 한다. 고객은 듣는 것보다 말하는 것을 좋아한다. 며칠 전, 보험판매원으로 추정되는 50대 후반의 남성이 젊은 부부와 카페로 들어왔다. 커피 주문 후 자리에 앉았다.

그의 모습은 이렇다. 기름을 잔뜩 바른 2:8 머리스타일에 금테 안경, 말끔한 양복, 갈색 구두를 신고 있었다. 여간 멋쟁이가 아니다. 맞은편에 앉은 부부는 이제 신혼인 듯하다. 자주 뵙던 분이 아닌 것으로 봐서 이사 온 지 한 달이 채 안되어 보인다.

남편은 그냥 착하게 생겼다. 약간은 소심해 보이기도 하고, 수동적으로 보인다. 아내는 조금 성격이 있을 것 같다. 긴 생머리를 하고 흰 티셔츠에 찢어진 청바지를 입었다. 냉정한 표정과 다리를 꼬고 앉은 자세로 미루어 볼 때 가부가 정확한 성격으로 보였다.

첫 인사가 끝나고 보험 판매원의 일장연설이 쏟아졌다. 50분간 판매원과 마주 앉은 부부는 "네"와 고개 끄덕임 정도만 한다. 한순간도 쉬지 않고 보험 상품에 대해 이야기한다. 마주 앉은 젊은 부부의 마음이 멀리서도 느껴진다. 답답하겠다. 지겹지만 내색하기 어려운 상황, 분위기가 조금 걱정된다. 시간이 지날수록 여성의 질문이 점점 날카로워진다. 목소리에 짜증이 섞여있다.

"이전에 했던 설명과 다른 것 아닌가요?"

아내의 질문이 예리하다. 달변가 판매원의 변명이 이어진다. 표정엔 당혹스러움이 묻어난다. 말을 더듬지는 않지만 뭔가 잘못되고 있다. 정신 똑바로 차리기 위해 고개를 가로 젓는 모습이 멀리 있는 나한테까지 보인다. 더 많은 말로 현혹시키기 위해 최선을 다한다. 의자를 바짝 당겨 앉아 미처 못한 설명을 하려 한다.

"아니요. 그게 설명과 다른 내용 아닌가요?"

역시나 아내는 날카로웠다. 잘못 걸린 것 같다는 생각을 하는 판매원의 눈엔 불안이 엄습한다. 변명이 이어지지만 판세는 기울어졌다.

"더 이상 그렇게 말씀하시 마세요. 그런 말씀 듣고 싶지 않네요."

우물쭈물하는 남편과 달리 단칼에 상대를 끝내버린다. 급소를 가격당한 상대는 추스르기도 힘들다. 수습하려 하지만 엎질러진 물.

"아니요. 고객님, 제 설명을 오해하신 것 같습니다."

이미 엎질러진 물이다. 다시 담을 수 없을 것을 멀리 있는 나도 알겠다. 이젠 끝났다.

"이제 그만 일어나겠습니다."

부부는 끝인사를 하는 둥 마는 둥 자리를 떴다. 보험 판매원은 허탈한 웃음으로 자리를 정리하고 떠난다. 나가는 모습이 안쓰럽다.

그 판매원은 분명 달변가였다. 그게 그 시대를 사신 분들의 판매 방식이었을 수도 있고, 그분의 노하우일 수도 있다. 하지만 그 방법이 지금의 시대와 어울린다는 말을 하기는 어렵다.

젊은 부부는 거의 1시간 동안 듣기만 했다. 고객이 그 내용을 다

들었다 한들 속아줄 것이라 생각하면 착각이다. 내가 보기에 부부는 의자에 앉자마자 이미 마음의 결정을 내린 듯했다. 죄송한 말씀이지만, 판매원을 볼 때 진정성이 조금 부족해 보였다. 오직 목적은 판매였고, 그 목적을 달성하기 위해 포장하는 것이 느껴졌다. 아무 상관없는 내가 처음 보고도 단박에 짐작할 수 있을 정도면 말 다한 것 아닌가?

들어오실 때 내가 옆에 있던 아내에게 말했다.

"뭔가 팔러 오신 것 같아. 근데 나와는 영업스타일이 완전히 다를 거 같아."

아니나 다를까? 내 예상이 그대로 맞아 떨어졌다.

'내가 보험판매원이었다면 어땠을까?'

나였다면 먼저 부부의 근황을 여쭤봤을 것 같다. 어떻게 지내고 어떤 생각으로 하루하루를 보내고 계시는지 말이다. 초면부터 나의 이야기만 계속하지는 않을 것이다. 내 능력을 어필해야 믿음을 얻을 수 있겠지만, 초반에 분위기를 부드럽게 만들기 위하여 농담식으로 던지는 정도의 자랑질 이상은 하지 않을 것이다.

내가 하고 싶은 말 또는 알려주고 싶은 정보를 쏟아내는 것은, 친한 사람들에게는 통하는 작전일지 몰라도 초면에 사용하면 안 된다. 상대의 마음을 열게 하는 아무런 장치도 없이 아우토반을 달리는 자동차처럼 밑도 끝도 없이 들이대기만 해서 판매가 이뤄질 것이라고 생각하면 오산이다. 설령 판매가 되었더라도 며칠 내로 취소 요청을 받았을 것이다. 그 자리에서는 뭔가에 홀린 것처럼 사인도 하고 도장을 찍기도 하겠다. 말로 현혹된 마취가 풀리고 자리를 뜨고 집에 가서 둘이 대화하면, 속았다는 생각으로 계약을 무르게 되어 있다.

그 모습을 보면서 많은 생각을 했다.

'고객의 이야기를 들어주고 필요한 것을 채워주면 되는구나. 내 얘기(설명)를 상대에게 듣게 한다고 해서 판매할 수 있는 확률을 높이는 것은 아니다.'

나는 찾아가는 영업에는 소질이 없다. 하지만 찾아오시는 분들에게 마음을 다해 들어주고 판매하는 것은 자신 있다. 매장에 일단 들어왔다는 것은 마음을 먹고 오신 것이다. 메뉴를 무엇으로 정할까 고민의 여지는 남겨두었을지 모르지만, 구입하기로 결심하고 들어오신 분이 선택하도록 기다려주는 것이 그리 어려운 일은 아니다.

이렇게 이야기하지만, 나 역시 찔린다. 평소 말이 많다고 지적받는 입장에서 그분을 뭐라 할 자격이 있는지 모르겠다. 반면교사 삼아서 나의 습관도 고쳐야겠다.

진정성 있게 들어야 한다. 더 집중해서 고객님들의 이야기를 경청해야 한다. 경청이 힘들지만, 장사하는데 제일의 효과를 보장할 수 있는 길임을 다시 한 번 새겼으면 한다.

관직에 나가면 공경을 섬기고, 집에 들어오면 부모를 섬기고, 상례를 정성 들여 치르고, 술에 빠지지 않는 것 등을 나는 쉽게 행할 수 있다.

* 공자

장사에서도 적용할 수 있다. 정성을 기울여 섬기는 것이 우리의 사명이다.

Chapter

06
내가 만난 장사 인문학자들

경주 최 부잣집의
300년간 내려온 부의 비밀

경주 최 부잣집은 어떤 사람들인가? 우리나라 부자들의 모범 사례로 가장 많이 드는 집이다. 재물을 늘려가면서도 사람들에게 존경을 받았던 조금은 특이한 가문이다. 그들이 그런 사랑을 받았던 이유는 무엇일까?

바로 사람을 향한 존중이 있었기 때문이다. 그들은 부를 누리기만 한 것이 아니라 '좋은 투자, 선한 투자'를 실천했다. 부자가 선할 수 있을까를 의심하는 모든 이들에게 보란 듯이 삶으로 보여준다. 아름다운 이야기를 만들어온 가문이 존재한다는 것이 뿌듯하다. 그런 올바른 행동 덕에 300년이 넘도록 부가 이어졌다.

조선시대뿐만 아니라 지금도 찾아보기 힘든 이야기다. 경주 최 부 잣집에서는 주인이 노비를 인간적으로 존중해주었다고 한다. 서로 믿고 자신의 욕심을 자제하며 양보하는 정신은 한국적 공동체의 좋은 예다. 조선시대를 관통하는 역사 속에 흔들림 없이 그들의 부를 대대로 이어가고 주변인들을 아끼고 섬겼던 그들의 삶을 우리는 배워야 한다.

경주 최 부잣집의 시조는 최진립(1568~1636)이다. 300년 최 부 잣집의 시작이다. 최진립은 임진왜란 때 참전하고, 정유재란 때도 공을 세웠다. 전쟁이 끝난 후 오위도총부도사, 공조 참판, 삼도 수군통제사 등의 관직을 차례로 지냈다. 부를 쌓은 최진립은 아들 최동량을 교육시켜 최 부잣집을 발전시키는 발판을 만들었다. 재산을 아들에게 물려 준 최진립은 1636년 병자호란 때 참전했다가 전사한다.

최동량은 많은 재산을 물려받아 땅을 구입했다. 산부터 강까지 이르는 넓은 땅을 산 후, 농사를 짓기 시작했다. 아들 최국선은 옆에서 도우며 동반자가 되었다. 최동량은 지나가는 사람들이 땅을 사용하고 싶어 하면, 소작료를 수확한 곡식의 반만 받고 임대해주었다.

그들은 지주들의 허드렛일을 거드는 중간 관리자인 마름(지주로부터 소작지의 관리를 위임받은 사람)도 두지 않았다. 마름은 중간에서 소작료가 일꾼과 땅주인에게 잘 교류되는지 검사관 역할을 맡았으나, 중간에서 소작료를 빼돌리는 일이 많았다. 자신의 선의가 마름으로 인해 왜곡되고 피해를 주는 것이 두려웠다. 사람을 향한 진정한 배려다. 이런 방식으로 최동량은 일꾼을 모아 큰 땅을 모두 일굴 수 있었다. 농사는 성공적이었고, 거름을 쓰는 시비법과 모내기를 하는 이앙법으로 농사를 지으면서 수확량을 크게 늘렸다.

얼마 후 최동량은 세상을 떠나고 최국선에게 최 부잣집의 3대 자리를 내준다. 최국선(1631~1682)부터 가난한 사람들에 대한 나눔이 시작되었다. 어느 승려의 "재물은 거름과 같습니다. 재물을 나누면 세상을 이롭게 하지만, 움켜쥐면 썩습니다"라는 말을 듣고 나눔을 실천했다고 한다. 더 이상의 욕심을 부리기보다 사람들과 나누고 널리 이롭게 하는데 재물을 사용한다는 결단과 실천의 중요성을 다시 보게 된다.

최국선이 대를 이었을 땐 이미 최 부잣집은 조선 최고의 부자였다. 최국선은 1671년 조선 현종 때에 흉년이 들어 농민들이 쌀을 빌려 간 것을 못 갚게 되자 안타까워하며, 아들 최의기 앞에서 담보문서를 모두 불살랐다. 최국선은 죽을 쑤어 거지들에게 푸짐하게 나눠주었으며, 보리가 여물지 않은 3월과 4월의 보릿고개엔 100석의 쌀을 이웃에게 나눠주었다. 최국선 때부터 소작 수입의 1/3을 빈민구제로 쓰는 풍습이 생기면서 200년 후인 최준까지 이어진다.

그러나 최 부잣집은 19세기 조정의 부패와 일본에 의해 나라가 혼란스러워지자 쇠퇴의 길을 걷게 된다. 11대 최현식이 이끌어가고 있을 때 활빈당(한말에 남부지방에서 봉기(蜂起)한 농민군 중에서 강력한 세력을 떨쳤던 집단)에 의해 최 부잣집이 무너질 위기에 처했다. 양반과 지주들을 약탈해온 활빈당에서 부자들을 모두 죽이겠다고 쳐들어왔지만, 집안의 하인들과 동네 주민들, 거지들이 자발적으로 와서 그 도적떼를 막아주었다고 한다. 선한 부자로 살아온 인생에 대한 보답이다.

당시 대부분의 부자들은 하인을 못살게 굴고, 재물을 탐할 줄만 알았다. 최 부잣집은 그런 부자와 달랐다. 주민들의 변호로 오해가 풀리게 되었다. 덕분에 다른 도시에 부잣집들이 모두 불타 없어졌음에도 최 부잣집은 그대로 남게 된다.

일제강점기 12대 최준은 독립자금 마련을 위해 백산무역주식회사를 세워 안희제와 운영했다. 임시정부 재정부장을 맡아 독립운동 자금줄 역할을 했으며, 해방 후엔 전 재산을 모두 털어 대구대학과 계림학숙을 세웠다.

최 부잣집은 12대 300년의 역사를 이어오다 막을 내렸다. 부귀영화를 누리다가 자신들의 실수로 망한 사례는 전 세계에 찾기 쉬울 정도로 많다. 그에 반해 최 부잣집은 자신들의 부를 독립 운동과 대학을 세우는 데 사용한다. 온전히 사람에게 투자하는 그들의 이야기가 지금도 우리들의 마음을 뛰게 하는 이유다. 그들은 자신들만 누리지 않고, 주변에 가난한 자들을 안타깝게 여기며 품어주었다. 그 진심이 대를 이어 부를 누릴 수 있는 길이 되었다.

최 부잣집 사람들은 먼저 깨달았다. 사람을 향한 진정한 존중과 사랑이 세상을 유지하게 하고 함께 성장할 수 있음을 말이다. 진리를 일찍 깨달았다는 것만으로는 우리를 놀라게 하지 못한다. 그들은 깨달음을 지속적으로 실천했다. 자신의 욕심을 더 채우느라 인생을 허비하지 않았다. 사람들과 공생해야 한다는 철학을 대대로 승계했다. 최 부잣집은 온갖 악행과 비리를 밥 먹듯이 하며 부를 축적하는 사람들과는 다른 사람들이었다.

시대를 앞서 깊이 있는 깨달음을 자손 대대로 실천하고, 사람들을 섬기는데 앞장섰던 최 부잣집의 이야기는 지금도 유용하다. 부자가 되면 사람들의 시샘을 받게 된다. '사촌이 땅을 사면 배가 아프다'라는 속담이 있을 정도다. 친척이 잘되도 배가 아플 정도인데, 나와 피 한방울 섞이지 않은 사람이 잘됐을 때, 마음껏 축하해준다는 것은 드문 일이다.

정쟁이 끊이지 않는 우리나라에 최 부잣집처럼 미담을 남기고 세월을 이겨낸 사례는 많지 않다. 그래서 더 귀하게 느껴진다. 이해관계가 없을 때도 다른 사람들의 축하를 마음껏 받을 수 있는 사람이 진정으로 성공한 사람이다.

최고점에 오른 사람들에게는 약점을 찾으려고 혈안이 되어 있는 사람들이 많다. 지금의 시대만이 아닌 과거에도 그랬다. 조선시대에 특히 그런 모습이 심했다. 누군가가 부를 쌓고 성공하면 남의 것을 수탈하여 얻은 것이라 생각했다. 그렇기에 최 부잣집의 이야기가 더욱 빛나는지 모르겠다. 대대손손 사람들에게 피해를 주지 않겠다는 의지를 온전히 실천하는 삶, 자녀들에게 겸손하고 낮아지라고 가르치는 가풍이 그대로 흘러 내려갔다. 솔선수범 교육으로 자신을 낮추고 남을 아끼는 마음 씀씀이가 만들어졌다.

선비와 하인의 위치가 엄격했던 시절에 자신의 가족처럼 아끼고 사랑했던 그 섬김이 우리나라가 맞을까 싶을 정도다. 그들의 사람을 향한 진정한 사랑의 마음이 시대를 뛰어넘어 지금까지 아름다운 미담으로 이어지는 것이다.

최 부잣집 육훈을 정리해보았다.

1. 과거를 보되 진사 이상은 하지 마라.

권력에 탐욕을 갖지 말고 휘둘리지 말라는 의미를 갖고
있다. 권력을 가까이하게 되었을 때 득보다는 실이 더 많
다는 것을 알았다. 권력의 달콤함을 맛보기도 전에 사라질
수 있다는 것을 그들은 알았다. 자칫 권력 다툼에 휩쓸려
패가망신하는 것을 경계했다.

2. 재산은 만석 이상 모으지 마라.

재산에 대한 욕심을 버리라는 의미를 갖고 있다. 다른 지
주들이 50% 이상의 소작료를 가져갈 때, 최 부잣집은
30% 정도의 소작료만 받았다. 많이 거둘수록 자신들에게
돌아가는 것이 많으니 최 부잣집의 농사를 더 짓고 싶어
하는 것은 당연한 것이었다. 최 부잣집이 잘될수록 자신들
에게 돌아오는 게 많다는 것을 아는 그들은 더 열심히 일
을 했다. 그들 덕분에 수확량도 매년 늘어갔다.

3. 흉년에는 재산을 늘리지 마라.

가난한 사람들은 흉년 탓에 고생인데, 남이 불행할 땐 행
복을 누리지 말라는 뜻을 갖고 있다. 4년에 한 번씩 찾아
오는 흉년에 남들의 어려움을 발판 삼아 부를 늘리는 우
(땅을 사는 등)를 범하지 말라고 한다. 그들의 어려움을 이

용하는 것만큼 지혜롭지 못한 행동은 없다. 남들이 어려울 때는 낮은 이자로 쌀을 주거나 무료로 나누어주었다.

4. 과객을 후하게 대접하라.

이 가훈으로 최 부잣집은 이어질 수 있었다. 최 부잣집에 기숙하는 과객들은 항상 있었다. 그들을 섬기는 수는 정확하지 않지만, 상당히 많았으리라 짐작된다. 연간 쌀 수확량의 1/3을 과객을 대하는데 사용했다니 수가 대략 짐작이 된다. 전국 조선 팔도에 모인 사람들에게 후하게 대접한 그 집안을 누구 하나 욕하거나 함부로 대하지 않았다. 좋은 소문이 전국으로 퍼져갔다. 그로 인해 나라의 수많은 혼란에도 부잣집의 지위를 누릴 수 있었다.

5. 사방 백 리 안에 굶어 죽는 사람이 없게 하라.

남을 도우라는 의미를 갖고 있다. 굶어 죽는 사람이 있다는 것을 수치로 생각했다. 자신의 40km 거리에 빈곤으로 죽는 사람이 없도록 도왔다. 그들을 위해 재산을 나누는 것을 아까워하거나 소홀히 하지 않았다. 그런 배려와 사랑의 실천이 그 집안을 굳건하게 받칠 수 있는 기둥이 되었을 것이다.

6. 최씨 가문의 며느리들은 시집 온 후 3년간 무명옷을 입게 하라.

절약과 검소를 몸에 배게 하란 의미를 갖고 있다. 실제로 집안을 책임지는 사람들은 아녀자들이었다. 부잣집으로 시집 온 며느리까지도 무명옷으로 근검절약을 몸으로 체득하게 되었다. 그로 인해 하인들도 함부로 재물을 사용할 수 없었다. 이런 정신들을 바탕으로 부자가 될 수밖에 없었다.

02
조선 최초
여성 CEO 김만덕

불화하지 않으면서 시대를 뛰어넘은 여성 기업인 김만덕(1739 ~1812)을 알고 있는 사람들이 그리 많지 않은 것 같다. 나도 책을 통해 접했다. 장사로 인문학을 실천했던 사람들을 찾아보다 알게 된 역사적 인물이다. 시대적으로 존재했던 남녀 차별의 장벽을 과감하게 깨고 이겨낸 그녀의 인생은 놀라웠다.

김만덕은 12살에 부모님이 모두 사망하여 지독한 가난에 허덕인다. 팔려 가다시피 관가에 속한 기생이 되는데, 불행 중 다행으로 제주에 닥친 전염병으로 많은 사람들이 죽고, 먹을거리가 없어 굶어 죽어 나가는 현실에 그나마 먹는 걱정을 덜 수 있었다. 기생의 수양딸이 되어 가무를 익혀 제주도에서 제주 최고의 기생이 되지만, 같은 기생들의 온갖 시기와 질투가 자꾸만 발목을 잡았다.

우여곡절 끝에 김만덕은 제주 목사의 은혜를 입어 기생의 삶을 마감하고 양민이 된다. 인생살이 새옹지마라 했던가. 혼례를 약속하고 날짜를 기다리던 중 사랑하던 지아비마저 강도에게 목숨을 빼앗겨 홀로 된 삶을 살게 된다. 절망에 속절없이 무너질 수밖에 없는 상황이다. 인생을 내려놓고 삶을 마무리하고 싶었을 것이다. 하지만 그녀는 삶에 대한 희망을 저버리진 못했다.

만덕이 살았던 정조 때에는 제주 사람들이 섬을 떠나는 것이 금지되어 있었다. 여자들은 더욱 심했다. 육지로 나갈 수 있는 길은 죽어서뿐이었다. 그 때문에 제주 밖으로는 나가지 못하고 포구에서 장사를 시작하게 된다. 여자로서 장사꾼들을 상대하는 객주를 운영한다는 것은 보통의 담력으로는 할 수 없는 일이었다. 만덕은 객주를 운영하면서 제주도 물품(말총, 양태, 미역)과 육지 물품(옷, 쌀, 소금)을 교역하여 부를 이루었다.

그녀가 전국적으로 유명해진 이유는 자신이 쌓은 부를 기근에 시달리는 제주도민을 살려내는데 쾌척했기 때문이다. 제주 도민을 향한 그녀의 진정한 사랑의 표현이다. 제주 사람들의 가난을 구제하고 구휼하겠다는 평소 생각을 몸소 실천했다. 가난한 사람들을 위해 선행을 베풀어도 시샘하는 이들이 많아 하루도 편할 날이 없었지만, 마지막까지 그 목표를 흔들림 없이 이뤄낸다.

온몸으로 부딪쳐 세상을 조금씩 변화시킨 그녀의 인생은 전국적으로 많은 이들에게 귀감이 되었다. 그녀는 시대의 장벽을 뛰어넘은 여성 기업가이자, 자신의 재산을 아낌없이 사회에 환원한 자선사업가였으며, 조선 최초의 여성 기업인으로 차별에 대항한 개척자였다.

정조의 칭송을 한 몸에 받았고, 명예직이었으나 '의녀반수'라는 여성으로서는 최고의 벼슬에 오르게 된다. 정조가 그의 업적을 치하하기 위해 소원을 물었을 때 만덕은 주저 없이 대답했다.

"금강산 구경을 하고 싶습니다."

당시 보통 여성으로서는 꿈꿀 수조차 없었던 성공한 남성의 영역에 도전한 것이었다. 정조는 그 소원을 기꺼이 들어주었고 제주도에서 한양으로, 그리고 금강산으로 가는 길에 있는 모든 관공서가 만덕에게 편의를 제공하도록 지시하였다. 만덕이 가는 길목마다 사람들이 몰려나와 여성으로서 놀라운 일을 하고, 금강산에 가는 것을 몸소 보여주면서 세상을 개척해 나가는 용기 있는 만덕을 칭송하였다.

그녀는 삶에 인문학을 어떻게 적용했는가. 다음은 홍종화 작가의 《조선 최초 여성 CEO 김만덕》과 네이버 캐스트 인물사를 정리한 내용이다.

당시 여성들은 자신의 안위와 인생이 우선이었는데 그녀는 그러지 않았다. 욕심을 버리고 사람들을 위해 자신의 재물을 기꺼이 사용했다. 세상을 바꾸기 원했던 그녀의 인생은 놀라운 결과를 만들어낸다. 반상의 법도가 존재하던 조선시대에 임금님을 일반 여성이 알현할 수 있었다는 것은 혁명과도 같은 일이었다. 그것을 김만덕은 해낸다. 많은 이들에게 귀감이 될 수 있는 길을 제시했다.

나는 장사하는 사람으로서 늘 고민해왔다. 우리나라에는 왜 한국판 노블리스 오블리제를 실천한 사람을 찾기가 어려울까? 장사는 사람들의 필요를 채워주는 것이다. 사람들의 필요를 채워주기 위해 처절하게 몸부림친 선조들을 찾다보니 우리나라 최초의 여성 CEO 김만덕이 있었다. 여성이라는 한계를 열정과 인내, 사랑으로 뛰어넘은 삶을 보며 장사의 기본을 다시 한 번 돌아보게 된다. 장사의 기본을 말하는 그녀의 말이 지금도 귓가에 맴돈다.

긴말 할 것 없다. 지난번처럼 당장 객주 앞에 솥을 걸고 저들을 위해 죽을 끓이라. 장사의 기본은 사람들이 원하는 것을 제때에 주는 것이다. 지금 저들이 필요한 것이 무엇이냐. 먹을 것이 아니냐. 그러니 저들에게 먹을 것을 주라. 다른 생각은 할 필요가 없느니라.

— 홍종화, 《조선 최초 여성 CEO 김만덕》 중에서

생명의 소중함을 아는 그녀의 인생에 사랑이 담겨 있다는 것은 두 번 설명할 필요가 없다. 배고픔에 하루하루를 죽음과 사투를 벌이는 그들을 위해 만덕은 자신의 재물을 아낌없이 나눈다. 사랑 없이 미래를 위한 계산으로 할 수 있는 행동이라고 볼 수 없다. 그 안에 사람을 향한 진정한 마음의 연민이 있다. 그녀는 이들을 위해 기꺼이 희생할 준비가 되어 있었다. 그것이 부를 이루는 근간이 되었다.

이 시대에 우리가 배워야 할 덕목은 무엇인가. 철벽같이 막혀 있는 장애물을 뛰어넘는 것도, 커다란 돌에 구멍을 내는 것도 바위 위에 떨어지는 낙숫물처럼 끊임없이 노력하고 도전하고 부딪히는 자에게만 허락된다. 세상에 선한 영향력을 주고자 노력하는 김만덕의 삶은 우리에게 감동을 준다. 본을 삼아 인생에 부족한 모습을 채워야겠다.

차별에 굴하지 않고 최고의 인생을 살고자 목표했던 그녀의 인생에 시대를 뛰어넘어 감동이 전해진다. 그녀에게 닥쳤던 온갖 시련들을 바람 삼아 돛대로 활용했던 모습을 떠올린다. 남성 못지않은 집념과 끈기에 임금인 정조까지도 감동했다.

제주에 갇혀 살아야만 했던 여성의 삶을 뛰어넘었던 그녀의 의지가 있다면, 현재 겪고 있는 고통과 고민도 이겨낼 수 있다는 생각에 나를 채찍질하게 된다. 마지막까지 가난한 자들의 친구가 되겠다고 하는 그녀의 인생을 보며 사람을 향한 진정한 사랑의 향기를 느끼게 된다.

한국판 노블리스 오블리제의 이야기를 보면서 이 시대에도 그런 인생을 살아가는 사람들이 늘어나 세상을 바꾸길 바란다. 나 또한 그런 인생을 살 수 있도록 최선의 노력을 게을리하면 안 되겠다. 도전하고 노력하고 인내해서 베풀고 돕는 인생으로 나의 인생을 채워 나가야겠다.

은광연세(恩光衍世) - 은혜로운 빛이 세상에 널리 퍼진다.

> 덕을 세우는 근본으로 바른 마음보다 중요한 것이 없다. 마음이 바른 뒤에야 자신의 몸이 바를 수 있고, 자신의 몸이 바른 뒤에야 주변 사람이 바를 수 있으며, 주변 사람이 바른 뒤에야 조정이 바를 수 있고, 조정이 바른 뒤에야 국가가 바를 수 있으며, 국가가 바른 뒤에야 천하가 바를 수 있다.
>
> * 진나라 대학자 부현(傅玄)

천하제일의 장사꾼, 무역왕 임상옥

임상옥(林尙沃, 1779~1855)은 조선의 무역 상인이다. 본관 전주 (全州), 자 경약(景若), 호 가포(稼圃), 평안북도 의주에서 출생하였다. 1796년부터 상업을 시작, 1810년 이조판서 박종경(朴宗慶)의 정치적 배경을 이용하여 한국 최초로 국경지대에서 인삼무역권을 독점, 천재적인 상업 수완을 발휘하였다. 시를 잘 지었는데, 일생 동안에 지은 시를 추려서 〈적중일기(寂中日記)〉라고 했다. 저서로는 《가포집》이 있다.

임상옥의 아버지 임봉핵은 주로 해마다 청나라로 들어가는 동지사 행렬을 따라 북경으로 가서 인삼을 팔고, 돌아오는 길에는 비단을 사와 되파는 보따리장수였다. 역관이 목표였던 아버지는 거듭된 낙방을 한다. 임상옥은 아버지 아래에서 중국어를 배웠다. 임상옥의 아버지는 역관 시험을 포기하고 당시 만상인 대금업자한테 돈을 빌려 금수품을 챙기고 밀무역을 하면서 돈을 벌었으나 단속에 걸려 일로 일가는 모두 관노로 끌려간다.

만상(의주 상인) 사환(고용인)으로 들어간 임상옥은 만상 도방으로부터 그 성실과 능력을 인정받는다. 만상 도방(상점 대표) 홍득주는 그에게 밀무역을 시키기 시작하면서 상업에 발을 들여놓게 한다. 그는 1810년(순조 10년) 이조판서 박종경(朴宗慶)의 권력을 배경 삼아 의주상인 5명과 함께 최초로 국경 지방에서 인삼무역 독점권을 획득했다.

1811년 순조 때에는 홍경래의 난으로 인해 의주가 위험해지자 의병을 모으고 군수물자를 살 돈을 제공하였다. 1821년 변무사의 수행원으로 청에 갔을 때, 베이징 상인들의 불매 동맹을 교묘한 방법으로 깨뜨리고 원가의 수십 배로 매각하면서 막대한 재화를 벌었다. 이 돈으로 자선사업을 활발히 하여 천거를 받아 1832년 곽산 군수가 되고, 1834년 의주 수재민을 구제한 공으로 이듬해 구성 부사에 발탁되었으나 비변사의 반대로 물러났다. 이후 빈민 구제와 시와 술로 여생을 보냈다. 시로도 이름이 높았다.

"재물은 평등하기가 물과 같고, 사람은 바르기가 저울과 같다."

"장사란 이익을 남기기보다 사람을 남기기 위한 것이다. 사람이야말로 장사로 얻을 수 있는 최고의 이윤이며, 따라서 신용이야말로 장사로 얻을 수 있는 최대의 자산인 것이다."

–두산백과 인명사전 참고

장사도 깨달음을 통한 도에 도달해야 한다는 임상옥의 인생관을 보고 있으면 나도 그의 인생관을 마음으로 받아들이게 된다. 그의 인생은 우리 시대에 꼭 찾고 싶은 인물의 이야기가 아닐까?

자신의 이익을 위해서는 가족도 버린 사례는 중국 고전에 수도 없이 남아있다. 하지만 임상옥은 달랐다. 도리를 저버리지 않는 장사가 참된 장사의 근본이라는 깨달음을 몸소 실천했고, 그런 인생을 살았다. 끝이 아름다운 사람들의 전형적인 모습이다. 우리가 살아가야 할 길이다. 임상옥의 장사철학이 우리 시대에 필요한 이유다.

상도는 장사하는 모든 사람이 봐야 할 필독서라고 감히 말하고 싶다. 장사의 근본을 깨닫기 위해서는 임상옥을 알아야 한다. 장사의 인문학이 무엇인지를 고스란히 배울 수 있다. 그 안에 훌륭한 이야기가 담겨 있다. 임상옥의 인생에 장사의 모든 것이 담겨 있다.

임상옥의 아버지 임봉핵은 어린 시절부터 임상옥을 데리고 청국을 드나들 때 귀에 못이 박히도록 말을 했다. 아버지 임봉핵의 가르침에 임상옥은 그대로 순종한다.

장사에 있어서 가장 중요한 것은 인사이다. 인사야말로 최고의 예(禮)인 것이다. 공자는 이렇게 말씀하셨다. '군자는 먼저 신임을 얻은 후에 사람을 부린다. 만약 신임을 얻기 전에 사람을 부리려 하면 사람들은 자기들을 속이려 한다고 생각한다.' 장사도 이와 같다. 신임을 얻는 것이 그 첫 번째 비결이다. 신임을 얻지 못하면 사람들은 믿으려 하지 않을 것이다. 사람들에게 신임을 얻기 위해서는 무엇보다 인사로써 예를 갖추어야 한다.

– 《상도》 중에서

아버지로부터 배운 장사의 기본을 죽는 날까지 지켜낸다. 예를 통해 신임의 중요성을 깨닫고, 신뢰와 신용이 어떻게 쌓이는지를 배웠다. 조선시대 상인 임상옥이 가졌던 부는 신용에서부터 출발했다. 신용을 중시했던 전통은 경제 발전의 초창기에 우리 경제의 도약에 큰 기여를 했다. 자신에게 빚진 사람에게 오히려 금괴를 나누어 주는 모습에서는 무소유의 정신을 엿볼 수 있다. 나아가 꼭 돈뿐만이 아니라 인생에 대한 철학까지도 이야기하고 있다.

'상업이란 이익을 추구하는 것이 아니라 의를 추구하는 것'이라는 공자의 말처럼 의를 추구하는 것에 충실하고 평생 동안 인의를 중시하던 사람이었다. 《사기》의 화식열전에 '물이 깊으면 고기가 그곳에서 생겨나고, 산이 깊으면 짐승이 그곳으로 달려가고, 사람이 부유하면 인의가 부차적으로 따라온다'고 하였다. 그처럼 부도 그렇게 따라오는 것이어야 한다. 장사에는 도가 있다. 장사로 도를 이루기 위해 평생을 바친 임상옥.

조선 시대를 통틀어 그만큼 부를 이룬 사람은 없다. 단지 부를 이룬 것으로만 끝날 것이 아니라, 임상옥이 자신의 인생을 통해 무엇을 남기려 했는가를 돌아봐야 한다. 그는 장사를 통해 사람을 남기려 했다. 천하제일의 장사꾼이 되는 것을 넘어 사람을 남기고 자신의 모든 재산을 가난한 자들에게 나눠줄 수 있는 진정한 부자였다. 모든 이들에게 본이 되고자 하는 참된 스승이었다.

천하제일의 장사꾼으로 무역왕이 된 임상옥을 통해 시대를 뛰어넘는 참된 도를 깨우친 모습을 본다. '인생의 중요한 것이 무엇이냐?'라고 물으면 사람마다 답을 달리 한다. 사지선다형이 아니어서 더 고민된다. 우리 인생이 마지막까지 정답을 찾아 헤매지만 결국 찾지 못하고 삶을 마무리하는 것이 일상이다.

임상옥은 그 정답을 장사를 통해 찾아내려 했다. 도를 찾기 위해 온몸과 마음을 다해 몸부림쳤다. 도를 깨우치기 위한 임상옥의 처절한 삶의 궤적을 바라보며 느끼는 바가 크다. 사람을 남기는데 최선을 다하고 사람을 살리는 손이 되기 위해 자신의 일에 망설임이 없는 그에게 누가 불의를 강요할 수 있을까. 아무리 생각해도 어렵다.

사람을 살리는 데, 자신의 손을 쓰는 것이 옳은 일이라는 결정을 한다. 불쌍한 사람들을 살리겠다고 자신의 모든 것을 건다. 정의가 사라진 이 세상에 울리는 경종 같다. 옳은 것이 무엇인지 헷갈려 하는 이들에게 올바른 기준을 제시한다. 이것이 정의로운 삶이며 인생의 옳은 길임을 스스로 결정하고 행한다.

자신의 아버지처럼 불의한 세상을 이기지 못하고 자살한 모습이 아닌 것에 그냥 감사해야 하는가? 임상옥은 그렇게 나약하지 않았다. 자신의 안위 이상의 것을 볼 수 있는 눈이 있었다. 사람을 살리는 손이 되고자 했으며, 자신의 부를 사람들에게 베풀어야 한다는 것을 알았다. 나이를 먹어서는 자신의 대궐 같은 집을 헐어버리고 뒷전에 물러나 채소밭을 가꾸며 살았다.

자신의 욕망을 잠재우고 세상의 흐름을 읽는 눈을 가지고 실천하자, 진정한 부자가 될 수 있었다. 세상은 임상옥을 향해 요동치고 시기하고 질투하며 깎아내리기가 일쑤였지만, 그것에 동요되지 않았다. 아버님의 유서와도 같은 깨달음과 종교적인 깨달음을 아우르며 자신만의 장사철학을 완성한다. 완성하고 마무리하고 팽개쳐놓은 것으로 끝나지 않고, 자신이 그런 인생을 살기 위해 애쓰고 몸부림쳤다.

진정한 상인정신이란 무엇인가. 부(富)에 대한 관념과 가치는 무엇인가. 이런 물음들에 대해 고민해봐야 할 지금 시대의 경영자들에게 임상옥이라는 조선 후기의 무역상인의 이야기를 통해 답을 제시해 주고 싶다.

중용의 도를 행하는 사람을 만나 함께할 수 없다면 뜻이
높은 사람이나 고집스러운 사람을 택하겠다. 뜻이 높은 사
람은 항상 진취적이고 일에 미친 사람은 결코 나쁜 짓을
하지 않기 때문이다.

* 공자

불광불급(不狂不及)이란 말이 있다. '미치지 않으면, 미치지
못한다'란 뜻이다. 이처럼 일에 미쳐야 자신이 원하는 뜻
을 이룰 수 있다.

04

홍콩 최고의 부자 리자청

돈은 쓰는 것이지만 낭비해서는 안 된다.

− 리자청 −

청쿵 그룹의 리더 리자청 회장은 이건희 회장의 재산 119억 달러(13조 8000억 원)의 두 배가 넘는 275억 달러(32조 5000억 원)의 재산을 보유하고 있다. 현재 아시아 최대의 갑부로 이름을 올리고 있다.

청쿵 그룹은 54개국 진출, 500여 기업과 20만 명의 종업원을 둔 홍콩 최대의 다국적 기업이다. 홍콩 상장기업의 25퍼센트, 홍콩 주식의 26퍼센트가 청쿵 그룹 소유이기 때문에 홍콩 경제에서 리자청이 차지하는 비중은 어마어마하다. 그렇기에 혹자는 홍콩을 가리켜 '리자청의 도시'라고도 한다. 홍콩의 소비지출 8%가 그의 주머니로 들어간다는 말이 있을 정도다.

리자청의 운전기사에 대한 에피소드가 있다. 자신의 운전기사가 30여 년간의 기사 생활을 정리하고 은퇴하게 되었다. 그동안의 노고를 표현하기 위해 3억 6000만 원 상당의 수표를 건넸다. 운전기사는 거절하며 말했다.

"저도 그동안 모은 돈이 36억 원 정도 됩니다. 회장님이 주신 돈은 필요 없습니다. 마음으로 너무 감사합니다."

리자청은 화들짝 놀라며 물었다.

"자네 월급이 얼마나 된다고 돈을 그렇게 많이 모았단 말인가?"

운전기사는 공손히 대답했다.

"제가 운전을 할 때 회장님이 뒷좌석에서 땅을 사라 지시하는 전화를 하실 때 저도 조금씩 사두었고, 주식을 사실 때 저도 따라 약간씩 구입을 해두었더니 36억 원이 모였습니다."

세상은 누구를 만나느냐에 따라 운명이 결정된다. 리자청의 안목과 그를 믿는 운전기사의 신뢰는 서로를 부자로 만들어줬을 것이다. 자신만 부자가 되는 사람과 자신과 함께하는 사람까지 부자로 만들어주는 사람은 엄청난 차이가 있다.

가난을 이겨내고 존경받는 기업가로 거듭난 그의 인생을 통해 사람의 중요성을 깨닫는다. 세상을 일찍 경험한 그는 투명하고 바른 경영을 통해 사람들에게 존경받고 있다. 많은 홍콩인들은 '존경받는 홍콩인'으로 리자청을 꼽는다. 부와 명예가 공존하기 힘들지만, 아직까지 리자청은 모든 홍콩인들의 존경받고 있다.

본인이 먼저 청렴한 생활을 하며 기부하고 인재를 육성하기 위해 힘을 쓰는데 누가 폄하하고 손가락질하겠는가. 그의 인생철학이 사업을 통해 고스란히 전달된다. 사람을 향한 그의 끝없는 배려와 사랑에 아름다운 이야기가 켜켜이 쌓여간다.

자신의 말과 행동이 일치되는 삶을 살기는 어렵다. 그래서 언행일치의 삶을 살아내는 사람이 얼마나 훌륭한지도 알고 있다. 대개 사람들은 자신의 가치관을 수시로 바꾸고 인생의 기준이 모호한 상태로 매일을 살아간다. 그냥 세상이 흘러가는 대로 몸을 맡기며 살아간다.

리자청 같은 아시아 최고의 부자로 살아가고 있는 사람들에게 발견할 수 있는 공통점이 있다. 그들은 자신만의 인생철학을 가지고 있다. 특별해서 큰 부를 이룬 것이 아니다. 자신의 철학을 절대적인 기준으로 삼고 그것을 지키기 위해 끈기를 가지고 인내한 것이다.

또 다른 공통점은 인문학에 대한 이해가 바탕에 깔려 있다는 점이다. 사람에 대한 이해와 배려의 마음이 없고서는 세상이 인정하는 성공을 할 수 없다. 설령 성공을 이뤘다 하더라도 오래도록 유지하지는 못한다는 것은 우리가 다 알고 있다.

자신의 철학이 완성되지 않는 사람들은 실수한다. 유명인들이 스캔들에 빠져 제2의 도약은커녕 성공의 문턱에서 주저앉아버리는 것을 수도 없이 봐왔다. 재벌들은 다른가? 겉으로 보기엔 모든 것을 이룬 것 같아 보이지만, 인문학적인 철학이 뒷받침되지 않는 사람들은 결국 쓰러진다. 지금의 정치를 봐도 충분히 알 수 있는 내용이다. 영화롭기만 할 것 같은 그들의 인생이 말미는 더러운 추문으로 얼룩졌다. 재벌이 몰락하고 염문을 뿌리면서 사건사고들이 끊이지 않는다.

리자청은 아직까지 그런 모습을 보이지 않았다. 아직까지 이렇다 할 스캔들 없이 사업을 키워나가며 세상을 위한 도움의 손길 주고 있다는 소식에 존경의 마음이 쌓인다. 우리와 비슷한 가치관을 가지고 있는 동양 문화권에서 훌륭한 재벌로 인문학적인 철학을 끝까지 지켜낼 수 있도록 응원하고 싶다. 우리나라에도 그런 훌륭한 기업인이 나와 세상을 향한 외침에 우리가 귀 기울이게 되기를 희망한다.

기업이나 장사도 마찬가지다. 배려와 사랑으로 채워져 있을 때 그 안에 있는 것이 흘러 들어가 세상을 바꿀 수 있는 원동력이 된다. 기본이 안 된 사람이 리더가 되면 처음에는 사람들이 속아도 마지막엔 드러나게 되어 있다. 그게 세상의 순리다. 사람들을 볼 때 마무리가 어떻게 되었는가를 보면 된다. 인생을 배울 수 있는 길을 제시한 사람이라면 존경해야 마땅하다. 마지막이 아름다워야 진짜 아름다운 것이다. 잠시 가면으로 가릴 수는 있겠지만, 평생 지속할 수는 없다.

리자청의 성공요인은 크게 3가지로 압축할 수 있다.

1. 늘 신뢰를 기본으로 한다.

2. 끊임없이 신기술을 배운다.

3. 자신의 부를 끊임없이 나눈다.

큰돈을 번 뒤 그는, 리카싱 파운데이션을 설립하여 가난한 이들을 돕는데 이바지하기 시작한다. 이 기금에 자신의 재산 1조 원을 기부했다. 그는 진정한 부자는 나눌 수 있는 부자여야 한다고 말한다. 겸손하고 절약하며 더욱 성장하는 그를 보며 부러움을 감출 수 없다. 세상을 향한 존경받는 경영자의 자세뿐 아니라, 어려운 이들을 위해 돕겠다는 그 진심의 마음이 느껴진다.

리자청은 자신의 성공으로 마무리하지 않고 젊은이들에게 조언해주길 아까워하지 않는다. 우리 젊은 세대에게 들려주는 조언에 귀 기울여보면 좋겠다.

**창업을 준비하는
젊은이들에게 들려주는 조언 7가지**

1. 대학 졸업장이 없어도 무일푼으로 시작했어도 성공할 수 있다. 끊임없이 배워라.
2. 사람을 성실하게 대하고, 맡은 일에 책임을 지며, 좋은 친구를 사귀어라.
3. 한 번 한 약속은 어떠한 경우에도 지켜라.
4. 다른 사람에게 진심으로 사랑받고 존경받을 수 있어야 한다.
5. 사명감이 있는 기업가가 되어야 한다.
6. 항상 사업에 대한 아이디어를 생각하고 있어야 기회가 왔을 때 잡을 수 있다.
7. 언제 어디서나 더 잘 파는 방법, 더 나은 고객 접대 방법을 생각해야 한다.

일본의 전설적인 기업인
마쓰시타 고노스케

마쓰시타 고노스케는 누구인가? 일본에서는 경영의 신으로 추앙받고 있는 경영자다. 전 세계적으로 그의 경영철학을 통해 배우고 영향을 받은 경영자가 적지 않다. 사후에도 이렇게 좋은 영향력을 미치고 있는 그를 일본에서는 신으로 섬기는 이들도 있다.

그가 세운 마쓰시타 정경숙을 통해 차세대 리더가 계속 배출되고 있다. 경영철학의 근본은 '사람을 향한 존중과 사랑'이었다. 그의 인생을 들여다보면 왜 사람을 아끼고 사랑했는지를 파악할 수 있을 것이다.

마쓰시타 고노스케는 1894년 와카야마현의 와사무라에서 마쓰시타 마사쿠스와 도쿠에다의 8형제(3남 5녀) 중 막내로 태어났다. 가난한 집안 형편으로 어릴 적부터 일을 해야 했다. 어린 시절 알지 못하는 일을 배우는 과정에서 묻는 것이 자연스러워졌다. 겸손이 몸에 체득된 시기다. 초등학교 4학년 때 화로 가게 점원으로 일을 시작했고, 자리를 옮겨 자전거 점원으로도 일을 했다.

자전거 가게를 그만두고 시멘트 회사 운반원을 거쳤다. 1910년 오사카 전등주식회사 견습사원으로 입사해 23세에 검사원으로 승진한다. 하지만 몸이 허약해 결국 퇴사했다. 허약한 체질로 근무를 오랜 시간 할 수 없었기 때문이다. 쉬면서라도 할 수 있는 일을 찾다보니 자연스럽게 사업을 시작하게 된다.

검사원 때 개발한 소켓으로 사업을 시작하지만, 쉽지만은 않았다. 고전을 거듭하던 중 선풍기 부품 대량 주문으로 기사회생한다. 주문이 안정적으로 계속 들어오자 자리를 잡고 마쓰시타 전기기구제작소를 설립한다. 설립 후 연결 플러그를 만들었는데, 타사 경쟁제품보다 성능이 좋고 현대적인 디자인에 30% 저렴한 가격으로 판매하여 폭발적인 반응을 얻었다.

성장일로를 걷던 회사가 1929년 말 정부의 긴축정책으로 마쓰시타의 기업 활동이 위축된다. 임원들은 재고가 쌓이고 자금 부족에 시달리자 직원을 절반으로 줄여야 한다고 주장했다. 마쓰시타 역시 고민하지만 그들의 의견과는 다르게 결정한다.

"오늘부터 생산량을 반으로 줄이겠습니다. 하지만 직원은 한 명도 줄이지 않고 월급도 전액 지급합니다. 대신 모두 휴일을 반납하고 재고품 판매에 힘쓰도록 하세요."

직원들이 합심하여 노력한 결과, 두 달 만에 재고를 처리하고 공장을 정상 가동할 수 있었다. 사람을 향해 마지막까지 함께하겠다는 리더 밑에서 합심해서 노력하지 않을 수 없었을 것이다.

IMF 때 우리나라에는 퇴직자들이 거리로 쏟아져 나왔다. 갈 곳 없는 퇴직자들은 일을 찾을 수 없었다. 준비가 미흡한 채 섣부르게 자영업을 시작하고 빨리 망했다. 점점 악화되는 경제 사정에 자리를 잡기는커녕 자신의 안위를 걱정해야 할 처지까지 되었다. 비참한 시간들이었다.

어려운 시기에 직원들을 줄이지 않기로 결정한 것은 대단한 승부수였다. 지나고 보니 그 방법이 신의 한 수가 되었을지 모르지만, 실패로 끝났다면 모든 원망의 대상이 될 수 있었다. 그 선택의 바탕에는 '인문학적인 배려와 사랑'이 있었다. 인문학적인 마음의 선택이었다. 자신을 믿고 입사해서 최선을 다해 헌신하는 직원들에게 회사가 어려우니 일방적으로 해고를 통보하는 것은 있을 수 없는 일이라 생각했다. 그 어려운 시기를 협력해서 같이 이겨내면서 회사는 점점 성장하게 되었다.

사업이 확장하던 1930년대 초 마쓰시타는 기업의 사명을 정했다. '좋은 물건을 싸게 많이 만들어 공급함으로써 가난을 몰아내 물

질적 풍요를 실현하고 사람들에게 행복을 가져다준다.'

실제 창업 시기와 상관없이 1932년 5월 5일을 창립기념일로 정하는데, 사명을 정한 날이다.

1956년에는 전기제품 수요의 폭발적 증가를 예측하고 향후 5년간 매출액을 4배 늘려 800억 엔을 달성한다는 계획을 발표, 재계에 충격을 던졌다. 마쓰시타는 4년 만에 매출액을 1050억 엔까지 늘렸다. 1960년 1월 경영방침 발표회에서는 5년 뒤 주5일 근무제 도입을 선언했다.

"국가 간 경쟁에서 승리하려면 직원 모두가 능률을 두세 배로 올려 서양의 일류기업에 조금도 뒤지지 않아야 합니다. 그렇게 하려면 미국처럼 5일 동안 일하고 이틀은 쉬어야 합니다. 마쓰시타 전기가 5년 후 그런 모습이 되도록 하겠습니다."

시기상조라는 반대 의견을 무릅쓰고, 계획대로 1965년 4월부터 주5일 근무제를 실시했다. 이 시기는 우리나라가 경제 발전을 시작하던 시기다. 밤낮 없이 일만하던 그런 시기였다. 마쓰시타는 선진국의 사례를 들어 일본도 그렇게 일류기업으로 가야 한다며 5일 근무제를 시행한다. 우리나라는 국가에서 5일 근무제를 추진할 때 재계가 제일 반대했는데, 마쓰시타는 자신이 먼저 그 일을 진행한다.

일류 경쟁력을 갖추기 위해 능률을 올리기 위한 방법이었다. 얼핏 보면 이해되지 않는 행동이지만, 마쓰시타는 그 이면을 잘 이해했던 것 같다. 사람을 향한 신뢰와 배려가 깔려 있는 그의 결정에 회사 직원들은 제대로 보답한다. 내부고객이 행복하면 외부고객이 행복하다는 진리를 알고 있었다. 직원의 복지를 위해 최선을 다해 섬기려했던 그의 모습을 보면서 인문학적 사랑을 느낀다. 직원에 대한 존중과 신뢰가 깔려 있지 않다면 실천할 수 없는 일이었다. 시대를 앞서간 그의 안목이 빛난다.

1989년 4월 27일 마쓰시타 고노스케는 94세를 일기로 세상을 떠났다. 그의 죽음은 전후 일본 경제의 한 시대가 막을 내리는 상징적인 사건과도 같았다. 성공적인 인생이었지만 파란만장한 삶이기도 했다. 그가 남긴 족적은 큰 의미가 있다. 그는 자신의 안위만을 위해 사업을 시작하지 않았고, 자신만 잘 먹고 잘살기 위해 재물을 모으지 않았다. 함께 일하는 직원들에게 복지혜택을 주었고, 시대를 앞선 복지를 시행했다. 그 배려의 산물로 마쓰시타가 창업한 네쇼날과 파나소닉은 세계를 호령하는 기업으로 성장했다.

마쓰시타 전기는 인간을 만드는 회사입니다. 그리고 전기제품도 만듭니다.

— 마쓰시타 고노스케

마쓰시타는 1979년 일본의 차세대 리더 양성을 위해 사재 70억 엔을 들여 (재)마쓰시타 정경숙을 설립했다.

"일본은 경제와 기술 분야의 세계적 파워로 떠올랐지만, 인류 번영과 세계 공동체 발전에 기여하지 못했습니다. 일본의 물질적 번영 뒤에는 사회, 문화적 가치와 도덕성 측면의 많은 혼란이 있습니다. 경제력에 부합하는 사회적 영향력이나 정치적 지도력이 결여되어 문제가 더욱 심각해질 수 있습니다. 이 때문에 나는 마쓰시타 정경숙 설립을 결정했습니다. 재능 있는 청년들에게 보다 나은 미래는 물론, 일본과 세계에 보다 나은 미래를 실현시킬 수 있는 기회를 주고 싶습니다."

그의 미래를 보는 안목이 빛을 발하는 최고의 사건이다. 일본과 세계의 보다 나은 미래를 위해 자신의 재산을 투자하고 정경숙을 설립한 마쓰시타 고노스케는 사람을 향한 기대가 있었다. 사람이 미래를 더 나은 세상으로 만들 수 있다고 믿었다.

사람에게서 답을 찾으려 했던 그의 선택에 지지하고 공감한다. 사람을 향한 투자는 100년이 걸리는 일이다. 나무를 심는 일과 같다. 교육을 시키고 성장을 돕고 열매를 거두어들이기까지는 꽤 많은 시간이 걸린다. 그 열매를 자신은 볼 수 없을지라도, 세상을 위한 과제라 생각하고 시작했다. 자신이 거둘 수 없더라도 해야 할 일엔 확신을 가지고 시작하는 그 결단에 존경심이 절로 생긴다.

기업가들이 가진 기본 마인드는 '효율성'이다. 최저의 예산으로 최고의 효과를 거둘 수 있는 것이 기업가의 역량이라며 평가한다. 그것을 잘하는 사람은 훌륭한 경영자로 치켜세워지지만, 오랫동안 결과가 나오지 않는 투자는 현명하지 못한 것이라고 치부하는 경향이 있다. 마쓰시타는 그런 것에 신경 쓰지 않고 자신의 재산을 투자했다. 사람을 키우는 것이 미래를 나은 세상으로 만드는 것이라고 믿고 뚝심 있게 밀어붙였다.

그의 투자를 통해 배출된 인재들은 현재 엄청난 영향력을 발휘하고 있다. 정경숙을 통해 일본을 이끄는 리더들이 배출되고 더 나은 세상을 위해 노력하는 사람들이 분연히 일어나고 있다. 세상을 바꾸겠다고 사람을 만드는 교육기관을 만드는 기업가는 세계적으로도 찾아보기 힘든 사례다. 그것을 마쓰시타는 1979년에 실행했다. 우리나라가 경제적으로 눈을 뜨기 시작한 시기에 일본의 리더는 사람을 키우겠다고 투자했다. 아직도 우리나라가 일본의 기술력을 따라가지 못하는 이유 중 하나다.

세계를 호령할 인물을 키우겠다는 국가적인 사업을 일개 기업가가 도전하고 이뤄낸 사건을 보면서 한편으로 일본이 부럽기도 했다. 아직까지 논란의 여지가 있지만, 그 설립 목적에 순수성을 훼손해서는 안 된다. 사람을 키우겠다는 마쓰시타의 열망이 고스란히 담겨 있는 기관이다.

우리나라에게도 그런 인물을 만드는 기관이 많이 있었으면 한다.

세계를 품으며 세계적인 리더를 배출할 수 있는 학교가 필요하다.

청춘이란 마음의 젊음이다.

– 마쓰시타 고노스케

마음이 젊어야 진정한 청춘이라고 한다. 그런 의미에서 마쓰시타는 진정한 청춘을 마음껏 누렸던 사람이 아닐까? 사람을 향한 신뢰와 존중 그리고 배려는 곧 그의 경영철학이 되었다. 소신을 지키며 살아왔던 인생에 젊은 마음을 마음껏 펼쳤다. 사람을 향한 나눔의 의미를 진정으로 실천했던 그의 인생에 배울 점이 많다.

장수가 꼭 해내야 할 4가지

첫째, 전투에서는 유연하게 대처할 줄 알아야 한다.

둘째, 계책을 세울 때는 주도면밀해야 한다.

셋째, 무리를 안정시킬 수 있어야 한다.

넷째, 마음을 하나로 모을 수 있어야 한다.

* **제갈량**, 《**장원**》 중에서

장사를 하는 사람은 장수와 같은 마음가짐이어야 한다. 사람이 욕심이 있어야 하는 동시에 자신을 발전시켜 나가야 한다는 점에 궤를 같이 한다. 마쓰시타 고노스케는 그에 부응하는 사람이다. 꼭 해내야 할 일을 주도적으로 마음을 모아 타인과 함께하면서 회사를 성장시켜 나간 그의 이야기는 시간이 지난 현재 우리에게도 울림을 준다.

호텔왕
조지 볼트

당신을 만나는 모든 사람이 당신과 헤어질 때는 더 나아지고
더 행복해질 수 있도록 해라.
– 마더 테레사 –

비바람이 몰아치던 어느 늦은 밤 차를 몰고 가던 노부부가 필라
델피아의 허름하고 작은 호텔을 찾았다.

"예약은 못했는데, 혹시 방 있습니까?"

당시 도시에 행사와 폭우로 인해 호텔은 모두 만원이었다.

"죄송합니다만, 빈 객실이 없습니다. 그러나 잠시만 기다려 주시
겠어요?"

직원은 급히 다른 호텔도 수소문해 보았지만 빈 방이 없었다. 그
가 사정이 딱해 보였던 노부부에게 말했다.

"다른 호텔도 여기와 마찬가지네요. 객실은 없습니다만, 폭우가

내리치는데 차마 나가시라고 할 수가 없네요. 괜찮으시다면 누추하지만 제 방에서 주무시겠어요?"

그러면서 직원은 기꺼이 자신의 방을 그 노부부에게 제공했다. 직원의 방에서 하룻밤을 묵고 아침을 맞이한 노인이 고마움에 방값의 3배를 건넸으나, 그는 자신의 방은 객실이 아니므로 돈을 받을 수 없다면서 극구 사양했다.

"어젠 너무 피곤했는데 덕분에 잘 묵고 갑니다. 당신이야말로 제일 좋은 호텔의 사장이 되어야 할 분이네요. 언젠가 제가 집으로 초대하면 꼭 응해주세요"라고 말하고 떠났다.

그로부터 2년이 지난 어느 날, 그 호텔에서 성실히 일하고 있던 직원에게 편지 한 통과 함께 뉴욕 행 비행기표가 배달되었다. 2년 전 자신의 방에 묵게 했던 노부부가 보내온 초청장이었다. 그는 뉴욕으로 갔다. 노인은 그를 반기더니 뉴욕 중심가에 우뚝 서 있는 한 호텔을 가리키며 말했다.

"저 호텔이 맘에 드나요?"

"정말 아름답네요. 그런데 저런 고급 호텔의 숙박료는 너무 비쌀 것 같군요. 조금 더 저렴한 곳으로 알아보는 것이 좋겠어요."

그러자 노인이 말했다.

"걱정 마세요. 저 호텔은 당신이 경영하도록 제가 지은 겁니다."

그 노인은 백만장자인 월도프 애스터(William Waldorf Astor)였고, 조지 볼트의 배려에 감동해 맨하튼 5번가에 있던 선친 소유의 맨션을 허물고 호텔을 세운 것이었다.

변두리 작은 호텔의 평범한 직원이었던 조지 볼트는 그렇게 노부부에게 했던 마음 따뜻한 친절과 배려를 통해 미국의 최고급 호텔 '월도프 아스토리아'의 사장이 되었다. 이야기는 여기서 끝이 아니다. 조지 볼트는 노부부의 딸과 결혼했고, 배려를 바탕으로 호텔을 성공적으로 경영했다. 이 한편의 드라마 같은 이야기는 1893년 미국에서 있었던 조지 볼트 회장의 실화다.

월도프 아스토리아는 최고급 호텔로 각 나라 대통령과 회장들이 자주 이용하는 호텔이다. 역사가 있는 살아있는 호텔에 담긴 이야기가 참으로 아름답다. 진심은 통한다. 조지 볼트의 진심이 열매를 맺었다.

장사를 할 때 마음이 사람을 향하고 있는가를 생각해보자. 평범한 호텔 직원이었던 조지 볼트가 그날 호텔로 찾아온 비에 젖은 노부부를 평범한 직원의 마음으로 대했다면 어땠을까? 폭풍우 치는 날에 자리가 없다는 이유로 방법을 모색해보지 않고 노부부를 밖으로 내보냈다면 어땠을까? 이야기가 해피엔딩이어서 감동적인 것이 아니다. 여기에 진심이 있기에 감동을 주는 것이다. 섬김의 마음으로 노부부를 대한 조지 볼트. 그들이 처한 안타까운 상황을 보며 자신의 방이라도 내주겠다는 마음에는 배려가 있고, 사랑이 있었다.

시간이 갈수록 세상은 삭막해져 가고 있다. 남을 속이고 나만 잘 살면 된다는 생각이 당연시 되는 시대다. 세상이 그렇다고 우리도 남들과 똑같은 모습으로 살아야 할까? 나 혼자만이라도 진심을 담은 장사를 할 수는 없는 것일까?

조지 볼트는 성공을 누릴 충분한 자격이 있다. 최고급 호텔을 경영할 자격이 있다. 아마 그는 월도프를 만나지 않았더라도 성공했을 것이다. 마음을 다하는 서비스를 할 수 있는 훌륭한 마인드를 가지고 있는 청년에게 누군들 반하지 않았을까? 그 기회가 빨리 와서 월도프에게 발견된 것뿐이다.

마음에 담긴 진심과 능력이 밖으로 표출된 것이다. 낭중지추(囊中之錐)라는 말이 있다. 원래 주머니 속에 넣은 뾰족한 송곳은 가만히 있어도 그 끝이 주머니를 뚫고 비어져 나온다는 뜻이다. 능력과 진심은 포장을 뚫고 나오는 것이다. 주머니를 뚫고 밖으로 나올 정도의 능력과 진심은 다른 이들을 감동시키고 기회를 가져다준다. 조지 볼트의 자세는 지금의 우리 시대에도 필요한 마음이다. 장사에 대해 진심을 가져야 한다.

장사가 사람을 상대하는 것인데, 사람을 사랑하지 않고 그의 돈만 사랑한다면 그 돈은 우리에게 오지 않는다. 그 마음의 진심은 벌써 끝났다. 진심으로 섬기는 자만이 그 돈을 자기의 노예로 만들 수가 있고, 그 명예를 자신의 종으로 만들 수 있다. 그런 준비가 되지 않은 사람들은 민낯이 드러날 수밖에 없다. 그런 민낯에 사람들은 놀라고 속았다고 한탄한다.

아름다운 민낯은 진심 어린 마음이 아닐까? 아이들과 학생들이 예쁜 이유는 가식이 없기 때문이다. 그 자체로 아름답다. 어린 친구들에게서 때 묻지 않은 모습을 보면 흐뭇해지는 것처럼, 우리가 순수한 마음을 가질 때 고객들은 우리를 신뢰하게 된다.

아름다운 이야기를 통해 사람을 섬기는 기본자세가 무엇인지를 배울 수 있다. 조지 볼트의 아름다운 이야기가 지금도 소설처럼 쓰이고, 만들어지고 있다. 우리가 그런 인생의 주인공들이 될 수는 없을까?

> 남의 흉한 일을 민망히 여기고, 남의 좋은 일은 기쁘게 여기며, 남이 위급할 때는 건져주고, 남의 위태함을 구해주라.
>
> *《명심보감》 중에서

에필로그

• • •

사람을 남겨야 한다

1년을 살려거든 곡식을 심고, 10년을 살려거든 나무를 심으며, 백 년

을 살려거든 덕을 베풀어야 한다. 덕이란 인물을 두고 하는 말이다.

— 《사기》, 화식열전 중에서

사람을 향한 투자는 100년이 걸린다. 오랜 시간과 인내가 필요하다. 하지만 시간이 지나 열매를 맺었을 때의 아름다움은 세상의 모든 것을 덮고도 남는다. 그것이 백년대계(百年大計)를 꿈꾸는 우리들이 해야 할 일이다.

세상에 나만 혼자 살아갈 수는 없다. 사람이 있어야 장사도 할 수 있다. 사람이 존재해야 장사가 존재한다. 이 전후 과정을 이해하고 사람을 남기는 데 힘써야 진정한 장사를 할 수 있다. 우리가 그런 존재가 되어야 하고, 그런 세상을 만들어야 한다.

점점 각박해지는 세상 속에서 희망적인 뉴스보다는 절망적인 뉴

· · ·

스가 훨씬 더 많다. 하지만 저절로 세상이 변하기만을 바랄 수는 없다. 내가 변해야 한다. 내 생각부터 바뀌었을 때 행동이 변하고 인생이 변한다. 그 결과가 퍼지고 퍼져 세상을 바꾸는 것이다.

사람 사는 세상의 제일 기본이 되는 것이 장사다. 장사라는 형식을 통해 세상에 필요한 물품과 서비스를 제공하고 제공받는다. 사람살이의 기본이 되는 행위로 볼 수 있다. 이런 기본적인 행위가 사람을 배제하고 이뤄질 수 없다.

사람에 대한 이해 없이 물질만을 누리겠다는 생각으로 접근하는 것은 모래 위에 성을 짓는 것과 같다. 장사의 행위가 사람을 향한 배려와 관심이 되었을 때 우리는 존재 이유를 발견할 수 있다. 필요한 것을 서로 주고받는 것으로 끝나는 것이 아닌, 관계를 계속 발전시켜나가야 한다.

그들의 필요를 채워주겠다는 섬김의 마음을 가지고 있다면, 고개

들은 감동하고 우리에게 좋은 일들을 만들어준다. 조선 최고의 상인 임상옥의 말처럼 '사람을 남기는 장사'를 해야 한다. 필요한 것을 채워주는 장사꾼이 되어야 한다. 그러면 서로 감동하는 일들이 많아지고 조금 더 나은 세상으로 만드는 데 이바지할 수 있으며, 더불어 성공까지 할 수 있다.

우리는 타인에 대한 이해를 통해 함께 성장하고 자극해야 한다. 본받을 점과 버려야 할 점을 나눌 수 있는 눈을 키워야 한다. 정확한 삶의 기준을 가지고 있어야 흔들리지 않는다. 경험으로 이해하는 것은 한계가 있다. 그 한계를 넘기 위해 인문학이 필요하다. 세상살이는 모두 사람 사이의 관계에서 일어나는 일이다. 인문학에는 사람을 향한 모든 것이 담겨 있다.

수백에서 수천 년을 묵혀져 전해져 온 그들의 깨달음이 우리 삶에 필요하다. 그 깊이 있는 통찰을 우리가 배워 삶에 적용할 때

시대를 뛰어넘는 깨달음을 얻고 성장할 수 있다. 그들은 근본적인 질문을 통해 사람을 이해하게 되면서 성장하고 성숙했다. 먼저 깨달은 그들의 이야기에 귀 기울이고 우리 삶에 적용해보자.

장사도 결국 인문학이다. 사람을 향한 존중과 사랑이 바탕이 된 장사를 통해 세상을 바꾸는 삶을 살게 되기를 원한다.

····

감사의 글

제 인생의 길을 만들어주시고 이끌어주신 하나님의 인도하심이 없었다면 저는 이 자리에 없을 것입니다. 세상을 향한 자그마한 외침이 이렇게 책으로 나올 수 있다는데 무한한 감동과 책임을 느끼고 있습니다. 첫 책에 대한 소중함은 느껴본 사람만이 안다는 다른 작가님들의 말씀을 조금이나마 체험할 수 있는 귀한 시간이었습니다.

부족한 글을 책으로 출간하게 해주신 도서출판 무한 대표님과 박수진 편집장님, 그 외 도움을 주신 많은 분들께 감사드립니다. 책을 출간할 수 있도록 도전의식을 심어주고 격려한 하수정 작가님, 김병완 작가님, 이진욱 사장님, 이희섭 목사님께 감사드립니다. 격려와 응원 덕분에 이렇게 작가의 인생을 출발할 수 있었습니다. 진심으로 감사합니다.

이제껏 제 인생을 이끌어주시고 항상 기도와 지원으로 인도하신 부모님께 감사합니다. 그리고 장인, 장모님께 감사드립니다. 이루 헤아릴 수 없는 사랑을 베풀어주신 많은 분들을 일일이 거론하지 못하는 점 사과의 말씀드립니다. 깊이깊이 감사합니다. 늘 갚으며 살 수 있는 인생이 되겠습니다.

마지막으로 평생의 동업자이자 반쪽인 아내 김은주와 딸 하영이와 아들 하준이에게 사랑하고 고맙다는 말을 전합니다.

대한민국 장사 인문학자

정 진 우

장사도 인문학이다

초판 1쇄 2017년 1월 31일
초판 2쇄 2017년 3월 31일

지 은 이   정진우
펴 낸 이   이금석
기획·편집   박수진
디 자 인   김국회
마 케 팅   곽순식
경 영 지 원   현란
펴 낸 곳   도서출판 무한
등 록 일   1993년 4월 2일
등 록 번 호   제3-468호

주   소   서울 마포구 서교동 469-19
전   화   02)322-6144
팩   스   02)325-6143
홈 페 이 지   www.muhan-book.co.kr
이 메 일   muhanbook7@naver.com

가   격   14,500원
I S B N   978-89-5601-348-0 (03320)